MAFIA
PENGE & POLITIK PÅ SICILIEN
1950-1994

RENÉ SEINDAL

MAFIA
PENGE & POLITIK PÅ SICILIEN
1950-1994

MUSEUM TUSCULANUMS FORLAG
KØBENHAVNS UNIVERSITET
1995

Mafia — penge og politik på Sicilien 1950-94

Copyright © Museum Tusculanums Forlag og René Seindal 1995
Sats i LaTeX ved forfatteren
Omslag: Bente Jarlhøj
Forsidefoto: Labruzzo/Giacomino Foto
Bagsidevignet: Giorgio Forattini
Trykt hos Special-Trykkeriet Viborg A/S

ISBN 87-7289-310-9

Udgivet med støtte fra Tuborgfondet

Fotografierne på forsiden og ss. 42, 65, 84, 98, 111, 126, 142, 170, 179, 162, 198 og 209 er reproduceret med venlig tilladelse fra:

Giacomino Foto
Viale Monza, 30
I-20127 Milano, Italien
Tlf. +39 2 2894824
Fax +39 2 2619422

ROMANSKE SKRIFTER — BIND 2
Serieredaktion:
John Kuhlmann Madsen, John Pedersen, Gert Sørensen
ISSN 1395-4873

MUSEUM TUSCULANUMS FORLAG
Københavns Universitet
Njalsgade 92
DK-2300 København S

Mafiaens regler ligner statens en smule: de er ens for næsten alle. — *Antonino Calderone*

Det er en fejl at sige, som nogle gør det, at staten har overgivet sig i kampen mod mafiaen. I virkeligheden har den ikke overgivet sig, fordi den kamp har den aldrig udkæmpet. — *Paolo Borsellino*

Indhold

Da mafia blev ordet *ved Peter Søndergaard*   9

1 Indledning   30

Første del

2 Mafiaens baggrund og terminologi   **35**
   Mafiaens baggrund og organisation 35
   Væsentlige begivenheder i efterkrigstiden 40
   Mafiaens og mafioso'ens juridiske status 44

3 Den administrative, økonomiske og politiske baggrund   **49**
   Administrative forhold 49
   Politi og retsvæsen 51
   Den økonomiske struktur 55
   Politiske forhold 61

4 Kildegrundlaget   **73**
   Politimæssigt og retsligt materiale 74
   Parlamentskommissioner 75
   Angrende mafiosi 81
   Andre kildegrupper 89
   Hovedtræk af litteraturen 93

Kildernes tidsmæssige fordeling 94
Muligheden for at lave kvantitative vurderinger . . 96
Hvem er mafioso? 97
Opsummering 99

Anden del

5 Mafia, byggeboom og bystyret i Palermo 101
Landet og byerne efter krigen 102
Godsejernes spekulationer i 1950'erne 104
Betydningen af de unge tyrkeres magtovertagelse . 105
Eksempel: Sicil-casa og Aversa 108
Mafiaens politiske betydning 112
Mafiaens rolle i spekulationen 113
Situationen udenfor Palermo 119
Opsummering 119

6 Mafiaens forretninger 121
Betydningen af byggeboom'ets ophør 122
Mafiaens indtægtskilder 122
Eksempel: Salvo'ernes skatteimperium 124
Hvad er en mafia-virksomhed? 128
Infiltration af det legale erhvervsliv 130
Eksempel: Rosario Spatola 132
De offentlige udgifter og arbejder 135
Virksomhedernes sameksistens med mafiaen 138
Eksempel: Costanzo-gruppen i Catania 140
Betydningen af mafiaens entré i erhvervslivet . . . 146
Opsummering 148

7 Den politiske mafia   **150**
   Mafiaens politiske behov 151
   Mafiaens politiske betydning 152
   Andre politiske midler 155
   Kontaktkanaler mellem mafia og stat 156
   Eksempel: *Operazione Milazzo* 163
   Kontrol over offentlige arbejder 164
   Eksempel: Veje og kloaker i Palermo 167
   Beskyttelse mod retsforfølgelse 171
   Eksempel: Maxi-processen 177
   Myndighedernes sameksistens med mafiaen 182
   Mafiaens forbindelser til andre subversive kræfter . 186
   Opsummering 189

Tredie del

8 Det samlede billede   **191**
   En model for sameksistens 191
   Ophøret af sameksistensen 196
   Staten i offensiven 199

9 Konklusion   **201**

10 Den seneste udvikling   **207**

   Bibliografi   **212**

   Indeks   **219**

Illustrationer

Kort over Sicilien 31
Drabet på general Carlo Alberto dalla Chiesa . . . 42
Salvo Lima 65
Tommaso Buscetta 84
Prisen for at 'angre' 98
Palermo i forfald 107
Vito Ciancimino 111
Ignazio Salvo 126
Nitto Santapaola 142
Bruno Contrada 162
Pro-mafia demonstration 170
Maxi-processen 179
Salvo Limas død 198
Totò Riina i fængsel 209

Da mafia blev ordet

Forord ved Peter Søndergaard

Giver man sig i kast med direkte at undersøge mafiaen, vil man støde på egennyttige fortielser, som også kan skyldes uvidenhed eller frygt, eller på modstridende oplysninger, definitioner som udelukker hinanden, forblommet tale, sigende eller undvigende bemærkninger, forudfattede ideer, eller skepsis og ironi. Vælger man derimod at studere de mange skriftlige værker om emnet, bliver forvirringen ikke mindre. For nogle eksisterer mafiaen ikke, mens den for andre er en udbredt og magtfuld sammenslutning af forbrydere med et fast, sociologisk set, udviklet hierarki; en slags abnorm stat i den legale stat. De førstnævnte neddæmper ondet, og kun fordi der overalt findes tyve og voldsmænd, slutter de, at Sicilien ikke befinder sig i en værre situation end enhver anden landsdel; de andre overdriver og benytter et kriminelt tema som skabelon for at fabrikere en social roman om mafiaen. Til dette skal føjes vanskeligheder med at kunne studere de primære kilder, herunder adgangen til de skinsygt vogtede retslige arkiver, og lokale følelser, i lige høj grad ædle og egennyttige, som beskytter sig ved at forhindre forskning i vores farlige sociale lag. Ofte er upopularitet den eneste ledsager under et langt og utaknemmeligt arbejde.[1]

---

[1] Giuseppe Alongi, *La maffia*, Bocca, Torino, 1886. Her citeret fra genoptryk: Sellerio, Palermo, 1977, s. 3. (Udgaven har et interessant forord af den tyske mafiolog Henner Hess).

Sådan indleder sicilianeren Giuseppe Alongi sin bog om mafiaen fra 1886, hvori han, som en af de få sicilianere på den tid, erklærede sig enig med de samtidige norditalienske intellektuelles — Sonninos, Franchettis, Villaris m.fl. — studier af mafia-fænomenet. Det høstede han ikke noget stort bifald på hjemme på Sicilien; derimod blev bogen vel modtaget uden for Sicilien.

I René Seindals bog vil man finde og genkende nogle af de samme positioner og vanskeligheder med at studere mafia, som dem Alongi kort ridser op, trods de godt 100 år der er gået siden da. Vel er diskussionen og de mafiologiske paradigmer blevet mere nuancerede, og vel er omfanget af de primære kilder blevet voldsomt forøget og offentlighedens adgang til dem principielt forbedret, men konfusion, uenighed, brødnid og de skjulte dagsordener er stadig det fremherskende træk i den italienske nutid, når mafia diskuteres, analyseres eller bekæmpes. I dette forord har jeg valgt at søge et historisk udgangspunkt på denne intellektuelle og politiske elendighed, og hvad finder man? Som så mange gange før er det et påhit, der sætter fortællingen i gang.

I begyndelsen af juni 1862 kom Pepé (Giuseppe) Rizzottos omrejsende gøgler- og teatertrup, som det var sket de fleste år på samme tid, til Palermo for at deltage i festen for byens skytshelgen Santa Rosalia. Men netop det år var byens udmattede befolkning ikke til sinds at høre forslidte reciteringer fra et overhalet repertoire, hårdt mærket som man var af borgerkrig og det nye bekendtskab med de piemontesiske myndigheder, der var i færd med at konsolidere Siciliens erobring fra bourbonerstyret i Napoli. De nye herskere bekæmpede med hård hånd de sicilianske frihedsdemokrater og drev klapjagt på de lokale folkemilitser, som kort forinden havde været Garibaldis begejstrerede allierede efter hærførerens landgang i Marsala i maj 1860. Rizzottos trup gjorde holdt lige uden for Porta Nuova og tog ind på en taverne ejet af Iachino (Gioacchino) Funciazza, i kilderne omtalt som 'capo malandrino', banditchef, men yderst gæstfri mod den bekymrede Rizzotto og hans sultne skuespillere.

Hvad der herefter skete er uklart, men det kunne være følgende: Med i truppen var en opvakt altmuligmand og sufflør, Gaspare Mosca, som senere blev skolelærer i Alcamo. Værten Funciazza foreslog ham, at de skulle sætte et stykke op, der foregik blandt en gruppe fanger i fængslet Vicaria; et folkeligt drama passende til en ny tid. Mosca skulle skrive rollehæftet, der dog først 100 år senere skulle blive egentlig bogtrykt. Handlingen blev henlagt til 1854 midt imellem de store revolutionsår 1848 og 1860 med voldsom social gæring på Sicilien og et hårdt presset bourbonerstyre. Stykket fik premiere i løbet af efteråret 1862 — nogle kilder nævner dog 1863 — og det blev en fantastisk succes, som i mange år trak fulde huse ikke bare på Sicilien men i hele Italien.

Skuespillet fik titlen *I mafiusi di la Vicaria di Palermo*[2], og det var første gang ordet mafia optrådte i officielt sprog. Oprindelig var det en toakter, og begge akter foregik i et fængselsafsnit, hvor der befandt sig otte fanger, og blandt dem fem af en ganske særlig kaliber. Senere føjedes en tredje, opbyggelig akt til, hvor handlingen udspillede sig uden for fængslet i 1861 i capo Funciazzas hjem. Det menes, at det var truppens leder, Giuseppe 'Pepè' Rizzotto, som skrev denne tredje akt, under alle omstændigheder blev han af eftertiden krediteret for hele skuespillet.

De fem kernefanger betegnes i skuespillet interessant nok som camorrister — en betegnelse der i dag er forbeholdt de organiserede kriminelle i Napoliområdet — de tilhører et

---

[2]Skuespilteksten findes gengivet brudstykvis i en lang række historiske værker om mafiaen. Den findes desuden i fuld længde i Giuseppe Guido Loschiavo, *Cento anni di mafia*, Vito Bianco, Roma, 1962, ss. 241–386, dobbeltsproget med originaltekst på siciliansk og oversat til italiensk, og i Saverio Di Bella, *Risorgimento e mafia in Sicilia: i mafiusi della Vicaria di Palermo*, Pellegrini, Cosenza, 1991, ss. 33–88, på siciliansk.

hemmeligt selskab, og vi følger deres fængselshverdag, hvor megen tid fordrives med konflikter, afpisning af territorier og kortspil. Capo og stykkets hovedperson er Iachinu Funciazza, der spiller sig selv, blot har han skiftet erhverv fra taverneejer til tøffelhandler. Han styrer sine medfanger med autoritet og undertiden generøsitet, ubarmhjertig over for murren i geledderne og tegn på regelbrud, bestemt i sine krav og rettigheder, hjælpsom over for fanger, der beder om hans hjælp, voldelig og snu, hvis en fare skal afværges, men han viser også underdanighed og udtrykker beundring, grænsende til det servile, overfor den ottende fange, en unavngiven, oppositionel politikerfigur. Den syvende fange, il cavaliere Don Nunzio, viser sig at være politistikker og indbegrebet af alt hadeværdigt under bourbonerstyret; ham går det ilde takket være selskabets netværk.

De fem taler siciliansk med palermitansk jargon, det gør dem mindre farlige og let komiske; de viser, at de er i stand til at smugle våben ind i fængslet, lægge afgifter på ikkemedlemmer, begå overgreb og vold. Fremstillingen er ikke fri for at udlevere de fem mafiosi-camorristi til publikums latter; deres jargon og deres vulgære facon har været godt råstof for gøglernes udfoldelser. Mellem capo Funciazza og den ottende, unavngivne politiske fange, som det samtidige publikum ikke var i tvivl om skulle forestille den populære revolutionsfigur fra 1848 og senere Garibaldistøtte, den sicilianske demokrat Francesco Crispi, udvikler der sig en gensidig forståelse og et samarbejde, og i tredje akt stilles mafiosoen Funciazza en sund integration i et velfungerende samfund i udsigt af politikeren. Crispi blev i 1887-91 og 1893-96 ministerpræsident i Italien efter at det Historiske Venstre i 1876 havde afløst det Historiske Højre.

Hvilken sandhedsværdi har skuespillet *I mafiusi di la Vicaria* med hensyn til beskrivelsen af en mafia-lignende organisation i midten af attenhundredetallets Palermo? Der er ikke tvivl om, at skræller man de publikumsappellerende dele bort, er beskrivelsen af en organiseret, hierarkisk omgangsform mellem en gruppe fanger korrekt; det samme gælder deres talemåder, deres ritualer, vold og afpresning og kontrol af andre fangers fængselsliv. Var skuespillet forblevet med de to oprindelige akter, kunne man med sindsro have taget beskrivelsen som et tidstypisk billede af de selvgroede organisations- og reaktionsformer, som en totalitær institution, et fængsel, fremkalder hos et indsat klientel; det ville man også kunne genkende i nutidige samfund. Vi kunne påstå, at de pågældende mafiosi-camorristi er et produkt af fængselsopholdet og ikke nødvendigvis stamfædre til det nutidige mafia-fænomen. Mafiosiselskabet må genfindes i det civile liv, i Palermo uden for fængslet, i boligkvartererne, overalt, for at man kan tale om mafia.

Eccola. Tredje akt foregår som nævnt i Funciazzas ydmyge hjem og værksted, og selv om konturerne af et hemmeligt selskab her i friheden er mindre prægnante end inden for fængslets mure, så er selskabet dog fortsat en realitet. Man gøres opmærksom på det, blandt andet fordi Funciazza, som gennem den unavngivne politiker er blevet moralsk vækket, ønsker at opgive sit tidligere liv på kanten af loven og blive en agtværdig borger. Han opfordrer sine gamle medsammensvorne til at gøre ligeså, forkaster den ærefulde mafiøse tiltaleform *zio* og antager i stedet det hæderlige og borgerlige *maestro* efter sin håndværkerposition. Vi kan altså tillade os at besvare spørgsmålet: Rizzottos og Moscas skuespil er ikke det rene teateropspind, og den palermitanske hverdag danner i et vist omfang forlæg for manuskriptet. Det bekræftes også af senere italiensk historieforskning: der findes illegale, contra legem, hierarkisk opbyggede selskaber med medlemmer, der opfatter sig som mænd af ære og støtter hinanden.

Hvordan har skuespillets fremstilling af de nu for første gang offentligt udstillede mafiosi og deres mafia-selskab påvirket opfattelsen af mafia-fænomenet? Spørgsmålet er kompliceret at besvare, men nogle hovedlinier kan trækkes.

Attenhundredetallets Sicilien tegner en vrimmel af kaotiske tilstande, komplicerede begivenheder og truende opløsning; sådan tager det sig ud også for samtidige iagttagere. Perioden fra århundredets start og frem til slutningen af 1860'erne er præget af løsrivelsesoprør mod bourbonerregimet i Napoli, af lokale opstande mod myndigheder og jordejere, af borgerkrigslignende tilstande, af interventioner, af banditbevægelser og ekstrem social elendighed såvel i byerne som på landet. Myndighederne bekæmper uroen med hærenheder og forskellige upopulære, korrupte politikorps; jordejerne forsvarer deres ejendomme ved at hyre bevæbnede private vagtværn af kriminelle udskud; bønder, hyrder, landhåndværkere danner spontane militser og bylaugene danner bevæbnede forsvarsværn. I Palermo kunne de 72 laug i 1848 stille et værn på 40.000 bevæbnede mænd på benene. I Rizzottos skuespil har mafia-selskabet sit udspring blandt byhåndværkere; det har ikke alle det godt med, for de samme byhåndværkere hører til blandt heltene i den fortsatte sicilianske revolutionshistorie og bærer arven fra den franske revolution. Spørgsmålet er ikke afklaret, historikerne er uenige, og man må nøjes med at konstatere, at der også er historikere, som ser kimen til mafia-organisationen i de besiddende klassers private vagtværn, som ikke kun er et landdistriktfænomen, knyttet til de store godser, feudi og latifondi, men også optræder i Palermo og forsvarer adelens og borgerskabets byejendomme.

Næste gang man støder på ordet 'mafia' i et officielt dokument, er i 1865, fem år efter at Garibaldi som en anden deus ex machina kom, så, sejrede og igen forsvandt fra Sicilien. Piemonteserforvaltningen underlagde sig Sicilien og stillede revolutionens ur tilbage, forsøgte at slette sporene efter Garibaldi, indførte hvad befolkningen opfattede som brandskatter, aflyste jordreformen, afskærmede jordejerne, og en ny kommunallov i 1861 gav igen de lokale *galantuomini* en betydelig magt. Resultatet var en voldsom utilfredshed. Det var i denne spændte situation, at præfekten i Palermo, Filippo Antonio Gualterio, den 25. april 1965 sendte en bekymret indberetning til Indenrigsministeriet, og heri optrådte for første gang siden *I mafiusi di la Vicaria* ordet 'mafia' i betydningen *una associazione malandrinesca*, en banditsammenslutning. Denne mafia har altid haft direkte forbindelse til det politiske liv, skrev Gualterio, især i revolutionære øjeblikke, til „de liberale i 1848, under bourbonernes restauration og til garibaldinerne i 1860"[3].

Den politiske opposition på Sicilien bestod ifølge Gualterios analyse af venstregaribaldinere, autonomister og grupper af bourbonertilhængere, som dog, til alt held, ikke kunne samarbejde. Men der var fare for, at mafia-banditterne ville støtte de oppositionelle grupper, for eksempel bourbonerne. Hvis man derfor bekæmper banditvæsenet, „vil det betyde en fuldstændig afvæbning af bourbonerpartiet og gøre det upopulært" og samtidigt „virke forebyggende og umuliggøre, at et hvilket som helst ekstremistparti kan drage fordel af denne magt, der har for vane at skifte fra et parti til et andet, alt efter hvad der tjener dens interesse, og profitere af en politisk omvæltning". Gualterios hensigt og regimets opgave var at trække vinden ud af utilfredshedens og oppositionens sejl; det gjorde man ved at miskreditere de populære oppositionelle garibaldinere og få dem og bourbonertilhængerne til at fremstå som et fedt i offentlighedens øjne, og ved at reducere den politiske opposition til et mafia-parti.

Hvor har Gualterio og hans meddelere mon fået den idé fra? Fra *I mafiusi di la Vicaria* selvfølgelig, og ganske særligt fra scenerne mellem oppositionspolitikeren og de indsatte camorristi-mafiosi; her har vi skabelonen til den politiske alliance mellem politikere og kriminelle, til mafia-partiet. Vi har her de første spirer til en teoretisering over mafia som et moderne politisk fænomen, og selv om overvejelserne tjente

---

[3]Gualterios indberetning er gengivet i flere værker; for eksempel Christopher Duggan, *Fascism and the mafia*, New Haven, 1989, ss. 26–7.

rent politiske stabiliseringsformål og ikke var i overensstemmelse med den aktuelle sociale virkelighed, lever alliancen som moderne profeti. Gualterios idé med at fremkalde dette fantom var at skabe et virkningsfuldt fjendebillede, men betragtet som propaganda slog det fejl, for den 16. september 1866 brød et alt andet end mafia-inspireret folkeligt oprør ud, og igen som i 1848 og 1860 var det under de republikanske bannere i Palermos gader. Det varede dog kun kort; efter 7 dages blodige kampe var de folkelige militser nedkæmpet af general Cadornas tropper.

Spørgsmålet om hvordan *I mafiusi di la Vicaria* kom til at præge eftertidens mafia-opfattelse, har foreløbig fået en udviklingsretning: det organiserede sammenrend af modstandere til det herskende regime, mafia-partiet; en opfattelse, som, selv om den savnede begrundelse i undfangelsesøjeblikket, uforvarende kom til at sætte fingeren på en brandbar forbindelse mellem mafia og politik. I de efterfølgende år med konsolideringen af den italienske samlingsbestræbelse indfandt den intellektuelle refleksion sig og dermed også nuancerne i synet på mafia-fænomenet.

Mens der hersker stor uenighed, men på det seneste også fornyet interesse blandt nutidens mafiologer om mafiaens udspring og begrundelse, er der større enighed om, at perioden fra 1860'erne og århundredet ud er den periode, hvor den moderne mafia tager form og får den basisstruktur, man kender i dag,

> ... både som kriminelle sammenslutninger, der viser sig i stand til at udnytte alle mulige forbindelser til samfundets legale institutioner til egne formål, og som konkurrerende grupper, der under udviklingen af nye metoder til social opstigning økonomisk og socialt, ikke skyer noget middel for at sikre sig magtpositioner.[4]

[4]S. F. Romano, *Storia della mafia*, Sugar, Milano, 1964, s. 129.

Denne erkendelse udelukker ikke en meget udtalt uenighed om fænomenets funktioner, struktur og overlevelsesevne. En af uenighederne og utvivlsomt også en af kilderne til mystikken om mafiaen drejer sig om, hvem disse mafiosi var, og fra hvilke sociale lag de rekrutteredes; ikke mindst for de systemkritiske og marxistisk inspirerede iagttagere har det været vigtigt at inddrage klassetilhørsforhold i analyser af mafia-fænomenet. Disse har ofte vaklet mellem 1) at bestemme mafiosoen som en del af den ledende klasse eller 2) mafiosoen som et instrument for den ledende klasse; to udsagn hvoraf i hvert fald det andet ikke siger noget entydigt om mafiaens sociale rekrutteringsgrundlag.

Andre mafiologer, hvis politisk-teoretiske standpunkt er mere upræcist, giver andre bud på hvem attenhundredetallets mafioso var, her nævnt i tilfældig orden: forpagtere af godsjord, bønder, opsynsvagter i jordejernes tjeneste, selvstændige næringsdrivende, politikere, banditter, hyrder, alle opadstræbende borgere, hvis forhåbninger blev knust under kontrarevolutionen efter 1866, håndværkere, dommere, præster og munke. De forskellige professioner nævnes ikke alle lige hyppigt, men taget under et må man sige, at ingen eller kun få erhvervsgrupper går fri. Hvad man vitterlig står overfor, er et samfund, hvor alle uanset social baggrund er ensliggjort på kriteriet: potentielle lovbrydere og mafiosi, fra Kong Salomon til Jørgen Hattemager.

At opretholde den konstitutionelle orden er et rent myndighedsanliggende, men under dette sejler alt i almindelig vilkårlighed, og ansvaret for den personlige sikkerhed og ejendommens ukrænkelighed har ingen social forankring, men er et personligt problem for den, der har sikkerhed og ejendom at miste.

> På denne baggrund skaber man disse omfattende foreninger af mænd af enhver rang, profession og art, som uden at have synlige forbindelser altid holder sammen for at fremme gensidige interesser uden hensyn til loven, retfær-

digheden og den offentlige orden: det vi her har beskrevet, er *mafiaen*,[5]

skriver Franchetti. Sidney Sonnino, Leopoldo Franchetti og Pasquale Villari[6] hørte til en lille gruppe af nord- og mellemitalienske kritiske konservative, der i 1870'erne indgående beskæftigede sig med forholdene i Mezzogiorno, som de mente skabte alvorlige problemer for sammenhængskraften i den italienske enhedsstat. Det første indtryk Franchetti gengiver fra sit ophold i Palermo er, at overfladen driver af normalitet.

> Vi befinder os ikke i nogen revolutionær tid og ingen naturkatastrofe hjemsøger samfundet. Folk færdes roligt omkring i gaderne, på vej til deres gøremål eller deres adspredelse; ser man sig omkring, falder blikket på det Italienske Våben ved indgangen til domstolene og politistationerne. I byens gader ser man sikkerhedskorps og carabinieri; i landdistrikterne ses carabinieri og troppeenheder, mange tropper; patruljer, som finkæmmer alle veje ... Det er de samme juridiske og administrative forordninger, der skal sikre lovenes overholdelse på Sicilien såvel som på det italienske fastland; det er de samme love, som ville ulovliggøre alt det, som her er grundlaget for det sociale liv.[7]

Men bekæmpelse af forbrydelser kræver borgernes samarbejde, og det mangler helt på Sicilien. De offentlige myndigheder har slået lejr midt i et samfund, der fungerer udfra den grundlæggende antagelse, at der ikke eksisterer offentlige myndigheder. Straffen mod dem, som skulle vove at indgive anmeldelse til myndighederne eller vidne i retssager,

---

[5] Leopoldo Franchetti, *Condizioni politiche e amministrative della Sicilia*, i: Leopoldo Franchetti og Sidney Sonnino, *Inchiesta in Sicilia*, Vallecchi, Firenze, 1974, s. 38.
[6] Pasquale Villari, *Lettere meridionali*, Firenze, 1875; trykt i bogform 1878.
[7] Franchetti, *Condizioni politiche* cit., s. 11.

er afskrækkende nok til at opveje torten og forhindrer samarbejde med myndighederne. Man skaffer sig retfærdighed på extra-legal vis. Myndighederne er moralsk isolerede.

> Mens carabinieri og troppeenheder finkæmmer bjerge og veje i regn og sne, overvintrer capo-banditten roligt i Palermo uden at behøve skjule sig ... Personer, mod hvem der er udstedt anholdelsesbegæring, bliver advaret allerede inden begæringerne er underskrevet, og korpset, som kommer for at hente dem, opdager, at de er forsvundet for tre, fire dage siden eller mere. I fængslerne er der vedvarende kommunikation mellem fangerne og dem udenfor.[8]

Overklassen i Palermo er snæversynet, og *malfattori* af enhver art, inklusive mafiosi, dirigerer store dele af samfundslivet og afskærer Sicilien fra at blive en integreret del af det Italienske Rige, mener Franchetti.

> Den offentlige mening på Sicilien kan på ingen måde tjene som ledesnor for den italienske regering ... Sicilianerne er uanset klasse eller lag, bortset fra enkelte individuelle undtagelser, ude af stand til at forstå retsprincippet i en moderne stat ... Hvis den italienske stat vil råde bod på Siciliens dårligdomme, skal den regere Sicilien ved at benytte sig af de elementer, som opbygger nationen og udelukke sicilianerne ... Efter femten års manglende succes med at regere Sicilien mener mange, at sicilianerne er uregerlige; det tror vi er en falsk påstand ... Det tilkommer Italien at benytte alle de midler, det disponerer over, til at føre Sicilien frem til et civilisationsniveau på linie med de mest avancerede ... Mange mænd falder for forbrydernes kugler i de sicilianske bjerge, skove og byer i forsvaret for en lov, der ikke har midler til at gøre sig respekteret. Har disse mænd ikke ret til at kræve Italien til regnskab for at udgyde deres blod til ingen nytte, når de italienske politikere ikke har mod til at kalde tingene ved deres rette navn i parlamentet?[9]

---

[8] *ibid.*, ss. 16–7.
[9] *ibid.*, ss. 218–9, 222–3, 231–2 og 238–9.

De citerede passager fra Sonninos og Franchettis analyser er valgt, fordi de næsten kunne være skrevet i dag, og fordi deres politiske konklusioner klart illustrerer den intellektuelle norditalienske tænkemåde og statsraison, som formynderisk og fra oven vil integrere, civilisere og modernisere det tilbagestående sicilianske samfund, med de bedste intentioner forstås, for at nedbryde de betingelser, der skaber mafia. Den mafia, som Franchetti kaldte „volds- og forbrydelsesindustri" og som har „sine agenter selv i Rom for at overvåge, intrigere og forhandle i ministerierne"[10]. Det ville dog være forkert at sige, at den anbefalede strategi slog fejl set i lyset af de aktuelle mafia-problemer i Italien. Den blev ganske enkelt ikke efterlevet, blandt andet som følge af det politiske systemskifte i 1876 og den stigende modstand og selvbevidsthed blandt de sicilianske politikere og deres politiske bagland, der — måske ikke helt uforståeligt — ironiserede over Sonninos og Franchettis værker og kaldte dem „disse to fantastromaner"[11].

Franchetti mente, at mafiaens særkende, foruden i dens organiserede karakter, var at være formidlende led i de økonomiske strømme mellem by og land, især mellem Palermo og dens opland. Pasquale Villari, der ligesom Sonnino og Franchetti tilhørte det kritiske højre og var stærkt optaget af problemerne i Syditalien, havde i 1875 udgivet sine *syditalienske breve*, hvori han også beskrev camorraen og mafiaen.[12] Villari var stærkt optaget af klasseforholdene og de miserable

---

[10] *ibid.*, s. 103.
[11] Giuseppe Alongi, *La mafia. Fattori, manifestazioni, rimedi*, A. Forni, Palermo, 9. udgave, 1904, s. IX. 1904-udgaven er helt nyrevideret i forhold til udgaven 1886, se note 1.
[12] Pasquale Villari, *Lettere meridionali*, Successori Le Monnier, Firenze, 1878, det år brevene udkom i bogform. Den består af i alt fire breve: „La camorra", „La mafia", „Il brigantaggio" og „I rimedi". Der var tale om 'nye breve', da Villari tidligere havde udgivet 'breve' og analyser af syditalienske forhold.

levevilkår, den syditalienske underklasse var udsat for. Hans bekymring var næret af, at samfundet degenererede og korrumperedes, når store dele af befolkningen levede i yderste armod. Det var i sidste ende en trussel mod den italienske stat. Her er altså igen et eksempel på den stadige frygt for den italienske statsenheds livsduelighed, som spøgte blandt de samtidige konservative intellektuelle. Villari dadlede overklassen for ikke at se denne trussel og for ikke at sætte hele sin energi og sine sønners energi ind på at bekæmpe elendigheden.

> Camorraen, røveruvæsenet og mafiaen er logiske konsekvenser, naturlige og nødvendige konsekvenser af en særlig social tilstand, som, hvis denne ikke ændres, ikke giver håb om, at man kan bekæmpe disse onder.[13]

Camorraen truer og intimiderer alene for at tjene penge, skriver Villari, pålægger skatter, overtager andres ejendom uden at betale, beordrer andre til at begå forbrydelser, men beskytter også de skyldige mod retsforfølgelse. Bedst organiseret er selskabet i fængslerne, hvor camorristerne regerer, og man kommer igen til at tænke på teatercamorristerne i Rizzottos *I mafiusi di la Vicaria* knap 15 år tidligere. Villari benytter også lejligheden til at lange ud efter bourbonerregimet, som tillod camorraens aktiviteter. Camorraen er overalt og ikke bare i samfundets yderkroge, også i samfundets øverste klasser findes den; *camorristi in guanti bianchi ed abito nero*, en forbrydelsestype, som man i den moderne kriminologi ville kalde *white collar crime*[14], økonomisk kriminalitet. Camorraen næres af fattigdommen i Napolis slumkvarterer.

---

[13] *ibid.*, s. 3.
[14] Begrebet blev første gang systematisk behandlet af Edwin Sutherland i artiklen „White collar criminality", *American Sociological Review*, ss. 1ff, 1940, og i bogen *White collar crime*, 1949.

Her lever tusindvis af sammenstuvede personer, ydmyget af fattigdom i en grad så de mere ligner dyr end mennesker. I deres tilholdssteder, hvor man ikke kan nærme sig for stanken fra umindelige generationers opdyngede affald, ser man ofte kun en stor dynge halm beregnet til leje for en hel familie, mænd og kvinder sammen. Retirader taler man ikke om, her rækker nabolagets gader og gårde ... Under sådanne tilstande er camorraen ikke unormalitet, men det eneste normale og mulige. Hvis vi antog, at alle camorrister blev sat i fængsel i morgen, ville camorraen være gendannet om aftenen.[15]

På Sicilien er miseren den samme og også her trives forbrydelse, trives mafia. Villari beskriver de forfærdende arbejdsforhold for børn og voksne i svovlminerne, hvor de nedbrydes, deformeres, ældes og dør. Det er gentaget tusind gange, at dette arbejde massakrerer mennesker, og alligevel fortsætter det, skriver Villari. Under disse brutale og demoraliserende arbejdsforhold bliver sicilianeren nemt en fjende af samfundet; hvordan kan vi tillade, at de svages rettigheder overtrædes hver dag? I Palermoprovinsen er de sociale tilstande i en rædselsfuld forfatning. Det gælder også i det indre Sicilien, hvor de store primitivt drevne godser, feudi eller latifondi, dominerer.

> Bønderne i Øens hjerte er en hær af barbarer, og de gør oprør, ikke specielt af had til den nuværende regering, men for at hævne sig for overgrebene, udbytningen og uretfærdighederne, de lider under; de hader enhver regering, fordi de tror enhver regering støtter deres undertrykkere.[16]

I kystområderne ved Palermo er forholdene bedre, men bønder, jordejere, forpagtere og opsynsfolk er alle potentielle forbrydere.

[15] *ibid.*, 7 og 11.
[16] *ibid.*, s. 29.

> Mafiaen placerer sig som en mur mellem bonden og jord-
> ejeren, og holder dem altid adskilte, for den dag de får
> direkte forbindelse, vil mafiaens magt være tilintetgjort
> ... Og på den måde bliver mafiaen undertiden en regering
> mægtigere end regeringen. Mafiosoen er i det ydre afhæn-
> gig af ejendomsbesidderen, men i kraft af den styrke, han
> får gennem organisationen, som ejendomsbesidderen un-
> dertiden selv står nær, er han reelt i stand til at gøre sig
> til herre, padrone.[17]

Samfundet er endt med at acceptere mafiaen; den besidder en meget stor magt og er i stand til at opretholde den almindelige orden. Den, der er kommet overens med mafiaen, kan føle sig sikker; man kan ikke undre sig over, at bourbonerne regerede sammen med mafiaen; de havde ikke noget valg, da de først havde overdraget den ansvaret for den offentlige sikkerhed, skriver Villari.

Indledningen i dette forord tog afsæt i et citat fra et af de første sicilianske studier af mafiaen, Giuseppe Alongis bog fra 1886. Da den i 1904 genudkom i nyredigeret udgave, var det med et nyt forord, hvori Alongi gengav nogle reaktioner på førsteudgaven[18], blandt andet fra den toneangivende avis Gazzetta di Palermo. Heri skrev man:

> Signor Alongis bog om mafiaen synes at bekræfte den for-
> nærmende mening om et trist privilegium for vores ø, som
> om der ikke fandtes gunstigere miljøer end vores, hvor
> slyngelagtighed trives og vokser sig mægtig på den eksi-
> sterende sociale orden. Disse diskussioner ville have haft
> mening da bandituvæsenet hærgede i vore egne, men nu er
> det en ren anakronisme ... Det er på tide, at disse akade-
> miske overdrivelser stopper. Overalt findes tyveknægte og
> professionelle slyngler og overalt en følelse af solidaritet,
> som forener dem og får dem til at stå samlet: ordet Mafia

---

[17] *ibid.*, s. 34.
[18] Alongi, *La mafia* cit., s. XII.

er det korrekte udtryk for denne hemmelighedsfulde sammenslutnings eksistens og fremgangsmåde ... Det er retorisk at tale om siciliansk mafia og et forsøg på at modgå de åbenbare kendsgerninger, når denne i sit væsen og mål ikke er forskellig fra, hvad der findes overalt i verden.

Den sicilianske reaktion på Alongis bog var typisk for den kraftige sicilianisme eller rettere den nysicilianisme, der hjemsøgte store dele af borgerskabet i 1870'erne og var en slags fællespatriotisk forsvars- og selvværdsmekanisme oven på de norditalienske intellektuelles hårde og vedvarende nedgøring af sicilianernes civilisationsniveau. Reaktionen mod Alongi blev så meget mere skinger, som Alongi selv var sicilianer og med sin bog besudlede sin egen rede. S. F. Romano siger provokerende:

> *Il sicilianismo* er egentlig ikke en præcis politisk ideologi om autonomi og Siciliens uafhængighed, men mere en uklar følelse af solidaritet mellem sicilianerne rettet mod regeringer, besættelser og udenlandsk indblanding; en konfus og kompleks følelse, som ender med at optage bestemte elementer af mafia-mentaliteten i sig.[19]

Det blev den sicilianske etnolog Pitrè, der satte sicilianismen i system og gjorde den til en del af siciliansk folkekarakter i sine værker fra 1870'erne og frem til første verdenskrig.

I sit berømte værk *Usi e costumi*[20] fra sidst i 1880'erne, om sicilianernes tro og vaner, udtrykte Giuseppe Pitrè en lettere irritation over den sidste snes års skriverier om mafiaen. De demonstrerede ikke noget videre kendskab til fænomenet og fortabte sig i uinteressante etymologiske konstruktioner om udtrykkets oprindelse (fransk, engelsk, arabisk, toscansk). I stedet mente Pitrè, at mafia var et gammelt

---

[19] Romano, *Storia della mafia* cit., s. 76, note 3.
[20] Giuseppe Pitrè, *Usi e costumi, credenze e pregiudizi del popolo siciliano*, Palermo, 1887–1888.

folkeligt udtryk på Sicilien, og han havde kendskab til, at udtrykket i 1860'erne havde været brugt i et af Palermos yderkvarterer, Borgo, synonymt med skønhed, graciøsitet, fuldkommenhed, perfektion. En ung, smuk selvbevidst kvinde er *mafiusa*, men også et velholdt og velordnet mindre hus eller en genstand, der udmærker sig som noget særligt, kan være *mafiusedda* i det folkelige sprog, skriver Pitrè.

Tilsyneladende er der lang afstand mellem den betydning mafia får i løbet af 1860'erne i det officielle sprog — inspireret af Rizzottos dramatik og myndighedernes indberetninger — og Pitrès udlægning af den folkelige betydning. Og dog. Rizzotto benyttede udtrykket til at karakterisere en bestemt type fanger i Palermofængslet Vicaria, en hierarkisk opbygget gruppe af folkelige kriminelle med voldelige tendenser, men også med en række forsonende træk og med en stærk antiautoritær holdning over for myndighedsrepræsentanter. Deres voldelige opsætsighed får en antydet retfærdig og ærefuld mening i en for almindelige folk uretfærdig verden. Og ser man nærmere efter hos Pitrè, viser det sig da også, at selv om han vender sig mod denne anvendelse af mafia-udtrykket i officielt sprog, som han siger fremstiller mafia som synonym for røverbander, banditvæsen og grupper af kriminelle (camorra), så er han ikke upåvirket af de mere positive karaktertræk hos Rizzottos mafiosiroller. Uden i øvrigt at redegøre for hvor han har det fra og uden forbindelse til anvendelsen af udtrykket i Borgo-kvarteret, skriver han:

> Mafiaen er hverken et hemmeligt selskab eller en sammenslutning, og den har ikke regler eller statutter. Mafiosoen er ikke en tyv eller en bandit ... Mafiosoen er ganske enkelt en modig og dygtig mand, som altid optræder afbalanceret. Mafia er selvværd, en overdreven opfattelse af individuel styrke ... Mafiosoen vil være respekteret. Hvis han fornærmes, henvender han sig ikke til domstolene eller benytter sig af lovene; hvis han gjorde det, ville det være tegn på svaghed ... Han ved at skaffe sig selv ret-

færdighed, og hvis han ikke selv har styrken, skaffer han sig den ved hjælp af andre, der tænker som han og deler hans holdninger, uden at han behøver at kende den person, han får hjælp af og som han stoler på. Det er tilstrækkeligt at gøre tegn med øjne og halve ord for at udtrykke sin klare hensigt.[21]

Rizzottos og Pitrès mafiosi-typer har mange lighedspunkter med attenhundredetallets yderst populære litterære heltefigurer, hvor en stærk person, ofte med en uretfærdig eller tvivlsom baggrund som røver, fredløs eller bandit kæmper for retfærdighed, forsvarer de svage og fattige mod de rige og de mægtiges overgreb. Hermed bliver figurerne bærere af en folkelig, anarkistisk protest mod uretfærdige myndigheder, og den folkelige banditfortælling giver et nyt perspektiv i en værdikonfus og politisk kaotisk tid. Også Garibaldi, Siciliens befrier, blev betragtet som 'røverchef' og 'sørøverkaptajn', og ikke kun i negativ betydning, men som befrieren, der straffede de bourboniske udsugere. I denne ideologiske kontekst er der ikke langt fra superhelten til forestillingen om mafiosoen som en mand af ære med retfærdighedsidealer, han kan gennemsætte, også overfor de besiddende om nødvendigt. Slægtskabet mellem de to figurer er tydeligt i Pitrès tankeverden, når han udstyrer mafiosoen med en „overdreven opfattelse af individuel styrke" til at løse enhver modsætning og ethvert sammenstød af interesser og ideer, og gør ham til en person, der ved egen eller andres hjælp skaffer sig retfærdighed.

S. F. Romano skriver, at Pitrè

... optegner og tolker i klar forlængelse af den romantiske ideologi om det folkelige overmenneske og den følelse af tiltrækning og sympati, som det sicilianske folk og visse mellemlag følte for opstand og kamp mod autoriteterne

[21] *ibid.*, vol. 2, ss. 292–3.

og den politiske og økonomiske overmagt ... Og det uanset opstanden tager form af røvernes oprindelige, voldelige og grusomme opstand, eller det er mafiosiernes mere indirekte og komplekse vold ... Inden for dette ideologiske univers er et af mafiosoens tydeligste karaktertræk det fremskridt og den differentiering han repræsenterer i forhold til røverens øjeblikkelige og elementære eksplosion. Forskellen består i, at mafiosoen fører sig frem, mindre som hævner eller bøddel, og mere som forsoner, en mand af ære, som kender de gode og dårlige måder til at opnå resultatet.[22]

Nøgternt betragtet er Pitrès videnskabelige bidrag til mafiologien begrænset og udokumenteret, og måske har han ligefrem virket afsporende på eftertidens videnskabelige mafiaanalyser. Forklaringen på hans gennemslagskraft må søges i den anseelse, han nød som den største sicilianske etnolog nogensinde, og i det faktum, at han kunne integrere en positiv vurdering af mafiaens æresbegreber og selvhjulpenhed i sicilianismen, i det borgerlige Siciliens selvforståelse i en trængt tid. Den videnskabelige afsporing til trods har både Rizzottos og Pitrès mafiosi-fremstilling haft stor politisk og ideologisk betydning som mental opposition og modspil til myndighedernes vulgære parti- og regimeoppositionelle fremstilling af mafiaen.

Hermed er de embryologiske mafia-opfattelser, som profilerer sig frem til 1880'erne, kridtet op: 1) den antropologisk orienterede sicilianisme, som vakler mellem standpunkterne, at mafia ikke er noget specielt siciliansk fænomen, og at mafia er et delvis positivt træk ved den sicilianske folkekarakter; 2) en officiel statslig opfattelse om, at mafia er organiseret og konspirativ politisk opposition, men — skal det tilføjes — dette er ikke den eneste officielle mening, hvad fremgår af andet parlamentarisk materiale fra 1870'erne; 3) en nordita-

[22]Romano, *Storia della mafia* cit., ss. 44–5.

liensk intellektuel opfattelse, som udspringer af bekymring over den italienske enhedsstats fremtid, og som i den sicilianske mafia ser en uciviliseret reaktion mod ændringer i den semifeudale sociale orden og en illegitim barriere mod, at enhedsstatens orden kan udstrækkes til at omfatte Sicilien. Altså tre positioner, der hver accentuerer tre forskellige aspekter ved mafia-fænomenet: det ideologisk-mentale, det organisatorisk-politiske, og det retslig-sociale aspekt. Og alle indgår de i den store politiske kamp om magt i Italien og på Sicilien og skaber konfusion om fænomenets sande væsen. Mafia blev politik, da det blev et ord i titlen på en lille skuespiltrups folkedramatik.

René Seindals analyse af den sicilianske mafia kommer på et tidspunkt, hvor der igen er opbrud i de mafiologiske paradigmer. I løbet af 1960'erne blev studiet af mafiaen genoptaget i stort omfang, muligvis foranlediget af en genopblussen af mafia-fejder, mafia-retssager og parlamentarisk interesse. Paradoksalt nok var forskningsbølgen anført af udenlandske forskere, især af feltantropologisk og kultursociologisk observans og ofte inspireret af Pitrè-skolen.[23] Et gennemgående træk var, at indsigt i mafia-fænomenet krævede selvstændig dataindsamling, og at man på forhånd — sikkert af aversion mod litterære og journalistiske fremstillinger af det ærede, konspiratoriske selskab — afviste alle teorier om en organiseret mafia ud over den familieorganiserede mafia-gruppe. Når det ikke lykkedes disse forskere at afdække mere om-

---

[23] Eksempler på denne strømning er Henner Hess, *Zentrale Herrschaft und lokale Gegenmacht*, Mohr, Tübingen, 1970; Anton Blok, *The Mafia of a Sicilian Village, 1860-1960. A Study of Violent Peasant Entrepreneurs*, Harper, New York, 1975; Jane Schneider og Peter Schneider, *Culture and Political Economy in Western Sicily*, Academic Press, New York, 1975; Pino Arlacchi, *Mafia, contadini e latifondo nella Calabria tradizionale*, Il Mulino, Bologna, 1980; Filippo Sabetti, *Political authority in a Sicilian Village*, Rutgers, New Brunswick, 1984.

fattende mafia-strukturer er forklaringen delvis den pragmatiske, at de empiriske data ikke klart dokumenterede eksistensen af en organiseret mafia, men vigtigst var nok, at forskernes udprægede lokalsamfundsmetode afgørende forhindrede dem i at erkende organisatoriske strukturer, der gik ud over disse lokalsamfund. Metodevalget indsnævrede det empiriske grundlag, som igen bekræftede teorien om det anarkistiske mafia-system. Den efterfølgende erfaring bekræfter den gamle sandhed, at teori og metode er vigtige og interessante også ud fra synspunktet om, hvad de afskærer af erkendelse.

Vendepunktet kom med mafia-fejden i årene 1979–1984, som blev så omfattende og var så grum, at mafia-systemets familier blev revet op, medlemskredsen udskiftet og regel- og æreskodex annulleret. Slagne mafiosi begyndte at tale, og hermed opstod en af de sjældne lejligheder, hvor udenforstående kunne få indblik i fænomenets væsen. Mest overraskende var nok, at medviderne kunne bekræfte, at mafia-systemet var vidtomspændende og gennemorganiseret med flere sammenhængende hierarkiske niveauer med forskellige kompetencer. Hermed var betingelserne for nye paradigmeskift i mafiologien opfyldt. De er nu i fuld gang, og René Seindals mafia-analyse skal læses i dette lys.

Peter Søndergaard — April 1995

Kapitel 1

Indledning

Den sicilianske mafia betyder for de fleste narkotikahandel, blodige fejder, voldsomme bombeattentater og særprægede æresbegreber, og det er mafiaen *også*, men ved siden af de kriminelle aktiviteter har mafiaen altid haft væsentlige økonomiske og politiske aspekter, der gør den til mere og andet end blot en kriminel organisation. Mafiaen må opfattes, ikke som en i forhold til staten ekstern og undergravende organisation, men snarere, i kraft af dens engagement i den legale økonomi, dens aktive engagement i politik og dens gradvise infiltration af statsapparatet, som en integreret del af det politiske og økonomiske system på Sicilien og i Italien.

Mafiaen er og har altid været omgæret af mange myter, og på mange områder er de overdrevne, men der er også punkter, hvor virkeligheden langt overgår fantasien. Det er måske ikke så romantisk som mange af myterne, men ikke mindre skræmmende.

Mafiaen har sine rødder i landdistrikterne på Vestsicilien i det forrige århundrede. Landbruget var det altdominerende erhverv, og jorden var samlet i store godser, hvis ejere som oftest boede i byerne og bortforpagtede deres jorde. Godsforpagterne brugte jorden til ekstensivt kvæghold med henblik

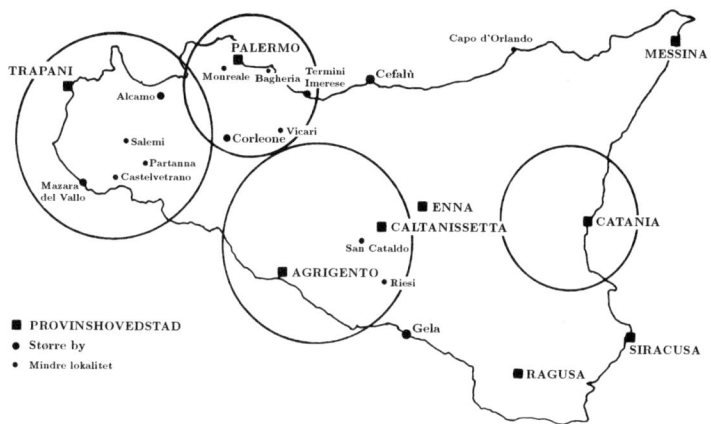

Kort over Sicilien. Mafiaens kerneland er traditionelt det vestlige Sicilien, specielt provinserne Palermo, Trapani og Agrigento. I efterkrigstiden er mafiaen også dukket op på det østlige Sicilien, hovedsaglig i Catania, men langt fra med samme styrke som i vest. Cirklerne markerer de værst ramte områder.

på eksport, eller videreforpagtede den i små lodder for korte perioder til de jordløse bønder, der udgjorde det store flertal af befolkningen. De indre dele af øen var meget uvejsomme, hærget af et udbredt bandituvæsen og reelt uden for statsmagtens kontrol. Magttomrummet blev udfyldt af mafiaen, der dengang nærmest var en slags alliance mellem personer fra alle samfundsgrupper med tyngdepunktet i gruppen af godsforpagtere, men også med deltagelse af hyrder, banditter og andre med ambitioner om social opstigen.

Den væsentligste økonomiske ressource, jorden, var kontrolleret af mafiosi'ene, det samme var infrastrukturen og alle væsentlige forbindelser til omverdenen. Fordi statsmagten reelt var fraværende, placerede mafiosi'ene sig som den lokale ordensmagt, og det gav dem naturligvis en stor magt og en stor handlefrihed til såvel legale som illegale aktiviteter. Stemmerettens udbredelse til den brede befolkning øgede blot mafiaens indflydelse, fordi befolkningens afhængighed af mafiaen ikke tillod den at stemme frit. Mafiaens styre af lokalområdet var dog ikke nødvendigvis et socialt uacceptabelt voldsregime. Selv om mafioso'ens metoder var i konflikt med statens love, var de ikke nødvendigvis i modstrid med lokalbefolkningens normer for, hvordan en mafioso optrådte. Både mafioso'ens voldsudøvelse og hans ulovlige aktiviteter var accepterede og ligefrem beundrede, måske fordi de ikke forekom mere repressive end statens.

Fascismens magtovertagelse skadede mafiaen. Statsmagten ønskede nu selv at kontrollere landet, da den fascistiske ideologi ikke kunne tolerere uafhængige magtcentre i samfundet, og mafiaen mistede noget af sit greb om jorden, da fascisterne tog godsejernes part i den evige konflikt mellem godsejerne og godsforpagterne (og dermed også mafiaen) om kontrollen med jorden. Der blev ikke længere afholdt valg, så også her mistede mafiaen indflydelse, men trods stort opreklamerede fascistiske sejre over mafiaen blev det aldrig andet end propagandasejre. Ved den allierede invasion i 1943 stod mafiaen klar i kulisserne, og gennem et samarbejde med de militære myndigheder sikrede mafiaen sig på ganske kort tid en effektiv kontrol over territoriet, og var klar til at fortsætte, hvor de havde måttet slippe under fascismen.

Efter krigen skete der store ændringer i det sicilianske samfund. Sicilien blev en region med specielt selvstyre i den nydannede italienske republik, og det nye politiske system, der voksede frem, blev hurtigt domineret af det kristeligdemokratiske parti, både lokalt, regionalt og nationalt.

Vigtigst var den demografiske omvæltning. Som følge af en landreform forlod størstedelen af landbefolkningen i årtierne efter krigen landdistrikterne og drog til byerne eller emigrerede. Byerne voksede voldsomt, specielt Palermo, der havde genvundet sin status som øens hovedstad, og byernes betydning steg. Sicilien ophørte med at være et egentligt landbrugssamfund og blev et moderne storbysamfund. Byernes vækst førte mange sociale problemer med sig, primært i form af arbejdsløshed og boligmangel samt heraf følgende ghettodannelser og småkriminalitet.

Som følge af den demografiske omvæltning ændrede også økonomien karakter. Landbrugets betydning svandt, og nye sektorer dukkede op, først og fremmest bygge- og servicesektoren. Der udviklede sig dog aldrig nogen egentlig industri til at opsuge den tilstrømmende arbejdskraft. Store dele af økonomien og erhvervslivet kom til at basere sig på udviklingsstøtte fra den italienske stat.

Det sicilianske samfund ophørte ikke med at være præget af ressourcemangel. Tidligere havde ressourcen været adgang til jorden, nu blev det jobs og boliger til den fattige befolkning i byerne og adgang til dele af den statslige udviklingsstøtte for erhvervslivet. Fordelingen af jobs, boliger og offentlige midler blev styret politisk og førte hurtigt til en omfattende politisk klientelisme[1].

For mafiaen var omvæltningerne katastrofale. Samfundet ændrede sig på næsten alle områder, og mest på netop dem, som mafiaen havde baseret sin magt på. Jorden var ikke længere den eneste væsentlige økonomiske ressource; mafiaens kontrol med samme jord var svækket af landreformen; afvandringen fra landdistrikterne og befolkningens mindre afhængighed af jorden svækkede mafiaens greb om befolkningen og stemmerne. Mafiaens indflydelse svækkedes på alle planer: politisk, økonomisk og socialt.

Ikke desto mindre har den senere udvikling demonstreret med al ønskelig klarhed, at mafiaen ikke forsvandt sammen med dens traditionelle basis. Tværtimod. Mafiaen lader til at have blomstret op under de politiske, økonomiske og sociale forhold, der har præget efterkrigstidens Sicilien, og det kræver en forklaring. En sådan forklaring kan findes ved

---

[1] Klientelisme-begrebet er forklaret på side 61.

at undersøge mafiaens økonomiske og politiske relationer og aktiviteter, for at klarlægge hvilken rolle mafiaen har spillet i det moderne italienske samfund.

Bogen består af tre dele. Første del introducerer mafiaen som kultur og organisation, redegør for den samfundsmæssige sammenhæng, den skal ses i forhold til, og diskuterer det kildegrundlag, den følgende gennemgang bygger på; anden del omhandler dannelsen af mafiaens alliance med de nye magthavere og mafiaens forretningsmæssige og politiske aktiviteter i den følgende periode; og sidste del samler resultaterne i en model for sameksistens mellem mafiaen og Siciliens økonomiske og politiske elite, og diskuterer de mangler, som modellen har.

Mafiaen er en hemmelig, kriminel organisation, der ikke har nogen interesse i at blive undersøgt, og mafiaen bidrager derfor frivilligt kun med ganske lidt kildemateriale. Mange oplysninger kommer fra personer, der har forladt mafiaen, men på grund af vanskeligheder med at kontrollere deres oplysninger er de meget problematiske som kilder. Andre væsentlige kilder er materiale fra politiske undersøgelseskommissioner og fra retsvæsenets arbejde, men også de kilder har deres begrænsninger. Vigtige dele af det anvendte materiale er ganske nyt og har endnu ikke været anvendt til en større videnskabelig produktion.

Kildematerialet er stærkt fragmenteret og består for det meste af mange små historier om enkelte personer og enkelte begivenheder, der så må stykkes sammen til et samlet billede. Et sådant billede kan aldrig blive fuldstændigt dækkende, og ud over at besvare de spørgsmål, materialet tillader os at besvare, er det vigtigt også at undersøge, hvilke spørgsmål vi ikke kan besvare. De er ikke irrelevante.

Kapitel 2

Mafiaens baggrund og terminologi

Der er en del begreber og begivenheder, der skal bringes på plads, før vi kan påbegynde behandlingen af selve emnet. Det drejer sig om en definition af hvad, der forstås ved ordene 'mafia' og 'Cosa Nostra' i denne tekst, mafiaens egen terminologi og organisation samt en gennemgang af de vigtigste love om mafiaen, for at få placeret mafiaen og mafiosi'ene i det juridiske landskab.

Mafiaens baggrund og organisation

Der er i tidens løb blevet gjort mange forsøg på at definere, hvad mafiaen er, men det er en næsten umulig opgave. Tidligere studier af agrarmafiaen fokuserede på den kulturelle og sociale baggrund, og definerede ofte mafiaen som et kulturelt eller socialt bestemt adfærdsmønster eller som en kulturel tilpasning til omverdenens krav. Andre har lagt mere vægt på det kriminelle, der da også har fået en større vægt, efter at tyngdepunktet for mafiaens interesser er flyttet ind til byerne, og har defineret mafiaen som en fasttømret kriminel sammenslutning eller som en hemmelig organisation, der vil omstyrte staten og selv overtage magten. Efter at de tætte forbindelser mellem visse politikere og mafiosi er kommet for dagens lys, er teorier om mafiaen som et værktøj i hænderne på ukendte politiske bagmænd dukket op. Resultatet er, at det tit er meget uklart, hvad der menes med ordet 'mafia'.

Mafiaens særegne kultur er en blanding af traditionelle sicilianske værdier og normer, blot i ekstreme og forvrængede udgaver. Mafiosi'ene kalder sig selv for 'mænd af ære' eller 'mænd af respekt', hvilket er betegnende for deres selvforståelse. De opfatter sig selv som stærke, ordholdende, snu og retfærdige, og de har den magt, de har, fordi de er stærke, og fordi de beskytter de traditionelle værdier og de svage.[1]

Familien har traditionelt været den centrale sociale enhed og mafia-familien kan opfattes som en videreudvikling af den traditionelle familie, med den forskel at mafia-familien kun består af mænd. Den samhørighed, der binder en almindelig families medlemmer sammen, er overført på mafia-familien, og meget ofte er den opbygget omkring en eller flere biologiske familier, hvis indbyrdes bånd styrkes ved svogerskaber, fadderskaber og andre rituelle bånd mellem familierne.

Et af de vigtigste aspekter af mafia-familiernes sammenhold er *omertà*, der er en regel om absolut tavshed om familieanliggender over for udenforstående, i særdeleshed over for myndighederne. *Omertà* omfatter alle, der har et personligt forhold til mafiaen, det vil sige medlemmer, venner og familie til medlemmer og andre forbindelser. Straffen for at bryde *omertà* er brutal, som oftest døden. Af andre regler

---

[1] Peter Søndergaard, *Den sicilianske mafia. Tradition og modernitet*, Aalborg/Roskilde, 1989-93, beskriver på grundig vis mafiaens kultur, normer og adfærd.

kan nævnes, at man ikke må stjæle (fra andre mafiosi) og at man ikke må have en affære med en anden mafioso's kone.

Optagelse i en mafia-familie sker med aflæggelse af en ed, der indeholder et løfte om ubetinget indbyrdes loyalitet og *omertà*. Mafiaen er i sin selvopfattelse udpræget elitær, og nye medlemmer udvælges omhyggeligt blandt landsbyens eller kvarterets unge mænd. Kun de stærkeste, modigste og mest 'mafiøse' optages.

Mafiaens organisation kan opfattes som uformel. Den består af skiftende strukturer, der måske nok følger nogle regler, men de er ikke stabile og person-uafhængige som i moderne virksomheder og i mange officielle organisationer. Mafiaen har dog i perioder, specielt i de seneste år, udviklet træk, der også gør den til en formel organisation: Cosa Nostra.

Strukturen, reglerne og ritualerne, der knytter sig til organisationen, er blevet beskrevet af talrige pentiti[2]. Mafiaen har fra gammel tid bestået af familier, eller *cosche* (ental: *cosca*). Hver familie er knyttet til et territorium, og bygger sin magt på kontrol over territoriet og dets økonomi. Familiens overhoved, *capo famiglia* eller blot *capo*, styrer enevældigt familien i kraft af den respekt, han nyder.

Mafiaens øgende tilstedeværelse i byerne gør situationen mere kompleks. Den moderne mafia-familie ledes af en *capo famiglia*, der flankeres af en rådgiver, *consigliere*, og en stedfortræder, *vice capo*. Under capo'en findes et antal grupper på omkring ti medlemmer, hver ledet af en *capo decina*. De menige mafiosi kaldes *soldati*, soldater.

I byerne, specielt i Palermo, er den geografiske afstand mellem familierne mindre, og den større tæthed øger potentielt antallet af konflikter mellem familierne. Der er derfor etableret en overbygning over familierne, eller der har i

---

[2]En *pentito* er en mafioso, der har forladt mafiaen og samarbejder med myndighederne.

hvert fald været det i perioder. Denne organisering af mafiafamilierne udgør Cosa Nostra. Familierne samles i kredse med to eller tre familier, som i fællesskab udpeger en kredsformand, *capo mandamento*, der repræsenterer familierne i *La Commissione*. Kommissionen samler repræsentanterne for en hel provins, og har til formål at mægle i stridigheder mellem familierne, for at undgå unødig voldsanvendelse familierne imellem. Kommissionen for Palermo-provinsen kaldes ofte for *La Cupola*, Kuplen. Den er den absolut vigtigste del af organisationen Cosa Nostra.

Hver kommission udpeger af sin midte en formand, der repræsenterer provinsen i regionskommissionen, *La Regione* eller *L'Interprovinciale*. Dens rolle er at mægle i stridigheder mellem familier fra forskellige provinser. Da narkotikahandel i løbet af 1970'erne blev en vigtig del af indtægten for mange mafiosi, begyndte deres aktiviteter at strække sig ud over andre familiers territorier, og behovet for konfliktløsning mellem fjernereliggende familier blev påtrængende.[3]

Det er nyttigt at skelne mellem to former for 'mafia'. Den første er et udtryk for en gruppes adfærd og normer, og den er derfor ikke en organisation i egentlig forstand, men en subkultur. Den anden er Cosa Nostra. Den er en egentlig organisation med forskellige niveauer og positioner i et nogenlunde fast system og med en veldefineret kompetencefordeling, der bygger på mafiaens traditioner og værdier. Cosa Nostra er derfor også 'mafia' i den førnævnte betydning.

I den første lange periode af mafiaens eksistens var den en meget uformel størrelse. Mafiosi'ene gebærdede sig efter fælles regler og normer, heriblandt *omertà*, og havde en fælles

---

[3]Se for eksempel Giovanni Falcone, *Cose di Cosa Nostra*, Rizzoli, Milano, 1991, ss. 100–1, og Søndergaard, *Den sicilianske mafia* cit., bd. 1, s. 218.

adfærd, men de var ikke samlet i en enkel hierarkisk organisation. Skabelsen af Cosa Nostra kommer først gradvis, sandsynligvis i forbindelse med narkotikahandelen, der satte mafia-familiernes binding til territoriet på en hård prøve. Det var ikke sådan, at Cosa Nostra en dag havde overtaget det hele, men derimod at flere og flere mafia-familier gradvist blev bragt ind i organisationen, samtidig med at organisationen udvikledes og forfinedes.

Kilderne til dannelsen af Cosa Nostra er modstridende, men detaljerne er ikke væsentlige her. Sikkert er, at Cosa Nostra i løbet af 1970'erne bliver et velfunderet faktum, men selv herefter ophører 'mafiaen' ikke med at eksistere. Der er stadigvæk en udbredt fælles kultur blandt mafiosi'ene, men de to fænomener er ikke fuldstændigt sammenfaldende. Der er folk uden for organisationen, der har en udpræget mafiøs adfærd og deler mafiaens normer og værdier, og der findes personer inden for organisationen, der ikke deler det mafiøse kulturgrundlag. Der findes også andre mafiøse organisationer, såsom *Camorra*'en i Campanien, *'Ndrangheta*'en i Calabrien, *Sacra Corona Unita* i Puglien, og på det sydlige Sicilien *La Stidda*, der er en parallel-organisation til Cosa Nostra. Cosa Nostra og *La Stidda* har ligget i indbyrdes krig i adskillige år.

Mafiaen har altid haft tre ansigter: det kulturelle, det politiske og det økonomiske, og mafiaens særegne karakter findes netop i samspillet mellem disse tre facetter. Det er vigtigt at forsøge at holde sig dette for øje, hvis en analyse af mafiaens forhold til omverdenen skal have mening. Ellers ender man for let med at konkludere, at alt er mafia og derfor, at intet er mafia. Mafioso'en er således karakteriseret ved kombinationen af en bestemt subkultur samt nogle bestemte former for politisk og økonomisk aktivitet, som vil blive behandlet indgående i de følgende kapitler.

Væsentlige begivenheder
i efterkrigstiden

Der er et antal begivenheder og personer, der dukker op igen og igen, når man taler om mafiaen i efterkrigstiden, så det vil være nyttigt kort at gennemgå dem her. Baggrunden og sammenhængen mellem hændelserne vil kun blive skitseret ganske kort, da det meste vil dukke op igen senere.

I årene efter krigen bevægede mafiaen sig mod byerne, både ved at nogle mafiosi flyttede fra landet ind til byerne, og ved at byerne, specielt Palermo, voksede og opslugte landsbyer, der kontrolleredes af mafiaen. Dette forårsagede naturligvis en del omvæltninger internt i mafiaen.

Den første mafia-krig udspillede sig i årene 1962–63, antageligt mellem Palermo-familierne Greco og La Barbera. Krigen var blodig, og handlede sandsynligvis om kontrollen med engrosmarkedet for landbrugsprodukter, men årsagerne er aldrig blevet helt afklaret. Konflikten kulminerede i 1963, da en bilbombe eksploderede uden for et hus tilhørende et medlem af Greco familien i Palermo-forstaden Ciaculli. Ved den meget kraftige eksplosion blev syv politifolk dræbt. Myndighedernes reaktion var voldsom. Der indførtes ny lovgivning mod mafiaen, og en omfattende repression iværksattes over for mafiaen med den konsekvens, at den organisation af mafiaen, der fandtes på det tidspunkt, blev opløst. Den øverste ledelse i mafiaen var herefter et selvudnævnt triumvirat bestående af mafia-capo'ene Stefano Bontate, Luciano Leggio[4] og Gaetano Badalamenti.

Retsligt førte Ciaculli-bomben til Catanzaro-processen i 1968, hvor et stort antal mafiosi var under anklage, men stort set alle blev frikendt på grund af mangel på beviser. Internt i mafiaen var det en udbredt holdning, at Michele Cavataio,

---

[4]Luciano Leggios efternavn staves ofte Liggio på grund af en fejl på et officielt dokument. Her benyttes den officielle stavemåde.

der var capo for en af Palermo-familierne, var den egentlige årsag til krigen. Ved den såkaldte massakre i Viale Lazio i 1969 blev han likvideret af en gruppe mafiosi, der ønskede tilstandene i mafiaen normaliserede igen.

Nogle få år herefter, omkring 1973-75, begyndte rekonstruktionen af Cosa Nostra på initiativ af Stefano Bontate, Gaetano Badalamenti og Totò Riina, der efterfulgte Leggio efter dennes anholdelse i 1974. Det er rimeligt sikkert, at *La Cupola* var gendannet i 1975, under forsæde af Badalamenti, og med Bontate og Riina som de mest fremtrædende medlemmer. Bontate og Badalamenti var fra Palermo, mens Riina var fra den lille by Corleone et stykke inde på øen.

I de følgende år arbejdede Riina målbevidst på at undergrave de to andres prestige inden for Cosa Nostra, uden at hans motiver nogensinde er blevet afklarede. Det lykkedes i 1977 at få Badalamenti smidt ud af organisationen, og han flygtede til Brasilien. Hans plads som leder af *La Cupola* blev overtaget af Michele Greco, hvis familie var i et gammelt modsætningsforhold til Bontates og derfor allieret med Riina. Stefano Bontates position blev yderligere undergravet ved bortførelser af slægtninge til personer, der var under Bontates beskyttelse, hvorved det demonstreredes klart, at Bontate ikke kunne beskytte dem ordentligt. De vigtigste medlemmer af familierne Spatola, Gambino og Inzerillo, der alle var allierede med Bontate, blev i 1980 anholdt, anklaget for narkotikahandel og idømt hårde straffe, hvilket igen svækkede Bontate yderligere.

Riina havde i det skjulte dannet en alliance af personer fra alle de vigtigste familier, på tværs af familieskellene, i strid med reglerne om familie-loyalitet i Cosa Nostra, og uden om *La Cupola*. Den hemmelige, tvær-familiære gruppe kaldes normalt 'corleoneserne' efter Riinas hjemby. Ved hjælp af disse hemmelige allierede i de andre familier lykkedes det Riina i den såkaldte anden mafia-krig i årene 1981-83 at eliminere alle sine væsentligste modstandere i Cosa Nostra,

Drabet på general Carlo Alberto dalla Chiesa. Da mafia-krigen først i 1980'erne var på sit højeste, blev general dalla Chiesa udnævnt til præfekt i Palermo, så han kunne gøre mod mafiaen, hvad han havde gjort mod den politiske terrorisme i 1970'erne. Men få måneder efter sin indsættelse blev han og hans unge kone brutalt myrdet af mafiaen. Han nåede ikke at gøre noget, der kan forklare mordet, og flere pentiti mener, at det er et politisk mord udført på bestilling.

Foto: Labruzzo/Giacomino Foto.

startende med Stefano Bontate og hans nære ven Salvatore Inzerillo. Mere end en egentlig krig var det snarere en serie likvideringer, udført ved hjælp af forrædere i de andre familier. Adskillige af de myrdedes venner og slægtninge flygtede til udlandet eller søgte tilflugt hos myndighederne for gennem samarbejde med politiet at få ram på corleoneserne. Corleoneserne vandt krigen, men prisen var, at det regelsæt, som Cosa Nostra var baseret på, endegyldigt brød sammen.[5]

[5] Denne konflikt er beskrevet detaljeret i Søndergaard, *Den sicilianske mafia* cit., bd. 2, ss. 27–97.

Myndighederne reagerede på blodbadet og skyderierne i gaderne med at sende carabinieri-general Carlo Alberto dalla Chiesa, der var berømt for sin indsats mod terrorismen i 1970'erne, til Sicilien for med løfte om særlige beføjelser at bekæmpe Cosa Nostra, som han havde bekæmpet terrorismen. Få måneder efter sin indsættelse og som afslutningen på en lang række mord på repræsentanter for staten, myrdede mafiaen dalla Chiesa og hans kone på åben gade den 3. september 1982.

Drabet på dalla Chiesa var et symptom på en ændring i Cosa Nostras strategi over for statsmagten. Stefano Bontate og Gaetano Badalamenti mente, måske belært af begivenhederne efter bilbomben i Ciaculli, at det ikke kunne nytte at føre krig mod statsmagten, men corleoneserne så ikke nogen forhindring der, og de førte en konfliktsøgende kurs over for statsmagten. Dommere, politifolk og politikere, der kom i vejen for Cosa Nostras interesser, blev prompte myrdet.

Staten reagerede igen med øget repression og ny lovgivning mod mafiaen. Sammen med de mafiosi, som corleonesernes metoder havde presset til samarbejde med myndighederne, førte det til den første store retssag mod *organisationen* Cosa Nostra, maxi-processen, i årene 1986-87. Næsten 500 mafiosi var under anklage, og de fleste af dem, inklusiv hele Cosa Nostras øverste ledelse, blev idømt hårde straffe. Corleoneserne anså processen for at være politisk, og meddelte de menige mafiosi, at selv om der faldt hårde domme i første instans, ville de bliver omstødt senere, takket være ledelsens politiske kontakter. Det lykkedes ikke, og mange fængslede mafiosi følte sig svigtede og valgte at samarbejde med myndighederne for at slippe ud af fængslet.

Cosa Nostras ledelse reagerede på de hårde domme med mere vold, der kulminerede med mordene i sommeren 1992 på to af dommerne bag maxi-processen, Giovanni Falcone og Paolo Borsellino, der nærmest var blevet symboler på kampen mod mafiaen. Statsmagten reagerede med yderligere repression, sendte hæren til Sicilien, intensiverede jagten på eftersøgte mafiosi og skærpede forholdene i fængslerne.

Mafiaens og mafioso'ens juridiske status

På trods af at mafiaen i dens moderne form har eksisteret i over hundrede år, er lovgivning mod mafiaen et ret nyt fænomen. Før 1965 fandtes ingen lovgivning, der direkte omhandlede mafiaen, hvilket skal ses i forbindelse med den udbredte modvilje mod at acceptere, at mafiaen eksisterede, eller at den var et problem. Der er dog tidligere love, der ikke direkte nævner mafiaen, men alligevel var ganske vigtige.[6]

Den første lov af betydning for mafiaen er lov nr. 1435 af 27. december 1956 (lov 1435/56), der handler om præventive foranstaltninger, der skulle beskytte den offentlige sikkerhed og moral. Personer, der af den lokale politimyndighed vurderedes som farlige for den offentlige sikkerhed eller moral, kunne, efter først at være blevet advaret, og hvis de ikke ændrede adfærd, sættes under overvågning, i husarrest, eller sendes i internt eksil i op til tre år i en fremmed kommune (såkaldt *soggiorno obbligato*). Begrebet 'præventive foranstaltninger' er ikke nyt i italiensk retspleje. Det har eksisteret siden 1865 og er også blevet brugt mod mafiaen. Det er vigtigt at understrege, at loven omhandler *administrative* foranstaltninger, som politiet kunne tage initiativet til, og det var derfor ikke nødvendigt at bringe folk for en dommer. Det var muligt at anke foranstaltningerne, men først efter at de var sat i kraft. Set i historiens bakspejl er det

---

[6] Oplysningerne om lovgrundlaget kan blandt andet findes i Carlo Palermo, (red.), *Codice delle Armi dell'Ordine Pubblico e della Mafia*, „I Codici Maggioli", Maggioli, Rimini, 1989; og Giuliano Torrebruno, *Legislazione antimafia e impresa. Commento alla L. 19 marzo, n. 55 integrato con le disposizioni più recenti e di maggiore rilevanza*, Pirola, Milano, 1991.

dog klart, at loven i katastrofal grad har givet bagslag. Den blev i stort omfang anvendt mod mafiosi eller personer med tilknytning til mafia-miljøet, og deportationen tillod dem at skabe kontakter til andre kriminelle elementer i andre dele af Italien. Lovgivningen har bidraget til mafiaens spredning ud over Siciliens grænser.

Efter bilbomben i Ciaculli blev lov nr. 575 af 31. marts 1965 vedtaget, således at personer, der blev sat i forbindelse med mafiaen eller lignende fænomener, også faldt ind under lov 1435/56. Denne blev skærpet, så der kunne tages præventive foranstaltninger mod kendte eller mistænkte mafiosi uden tidligere advarsel. Ud over internt eksil, husarrest og skærpet overvågning, kunne deres pas, kørekort og våbentilladelser også inddrages. Det er den første italienske lov, der direkte nævnte mafiaen, men den forsøgte ikke at definere mafiaen og støttede sig i stedet til almindeligt sprogbrug. Loven kan ses som et udtryk for en kriminalisering af mafioso'en som individ, men ikke af mafiaen som organisation.

Lovgivningsmæssigt skete der ikke noget nyt før drabet på præfekten dalla Chiesa. Kun ti dage efter mordet blev La Torre-Rognoni loven, lov nr. 646 af 13. september 1982, vedtaget. Den er navngivet efter forfatteren, kommunisten Pio La Torre, der var blevet myrdet af mafiaen kort tid før dalla Chiesa, og den daværende indenrigsminister Rognoni. Det er den første lov, der i form af en mafiøs sammenslutning definerer mafiaen:

> Sammenslutningen er af mafiøs art, når de, der tilhører sammenslutningen, benytter sig af de muligheder for intimidering, som tilhørsforholdet giver, og den underkastelse og *omertà*, som tilhørsforholdet medfører, til at begå forbrydelser, til direkte eller indirekte at overtage driften eller kontrollen med økonomiske aktiviteter, koncessioner, tilladelser, entrepriser og offentlige tjenesteydelser for at realisere profitter eller uretmæssige fordele for sig selv eller for andre.   *Lov nr. 646 af 13. september 1982, art. 1*

La Torre-Rognoni loven ulovliggør sammenslutninger af mafiøs art og ulovliggør medlemsskab af og samarbejde med sådanne sammenslutninger. Selv når et medlem af en mafiøs sammenslutning ikke kan sættes direkte i forbindelse med specifikke forbrydelser, kan han stadig dømmes for tilhørsforholdet. Derudover modificeredes lov 575/65, sådan at værdier tilhørende medlemmer af en mafiøs sammenslutning og deres nærmeste familie skal gøres op, eventuelt beslaglægges og endeligt konfiskeres, hvis der ikke kan gøres rede for deres oprindelse. La Torre-Rognoni loven foreskriver endvidere, at

> over for den dømte er konfiskation af de ting, der tjener til eller er bestemt til at begå forbrydelsen, og de ting, der er prisen, produktet, profitten herfra, eller som udgør anvendelsen heraf, altid obligatorisk.
> Lov nr. 646 af 13. september 1982, art. 1

Dømte for mafiøs sammenslutning kan heller ikke besidde næringsbreve til forretningsdrift, have koncessioner på offentlig vandforsyning, stå for auktioner på engrosmarkeder, eller være indskrevet i listerne over tilladte bydere på offentlige arbejder eller leverancer. Denne lov var en væsentlig del af grundlaget for maxi-processen.

Ved lov nr. 55 af 19. marts 1990 revideres og skærpes flere af de væsentligste paragraffer i de tre førnævnte love. Blandt andet klarificeres kriterierne for hvem, der kan tages præventive foranstaltninger imod, hvilke værdier, der kan beslaglægges og konfiskeres, og der indføres et antimafia-certifikat, som virksomhederne skal være i besiddelse af, hvis de vil byde på offentlige arbejder eller leverancer. Det skulle angiveligt kun udstedes til dokumenterede mafia-frie virksomheder. Yderligere skærpelser er kommet til efter mordene på Falcone og Borsellino i 1992, men ingen store nyskabelser rettet imod mafiaens forretningsaktiviteter.

De allerseneste år har set en begyndende lovgivning mod mafiaens politiske aktiviteter, men det har endnu kun haft begrænset betydning. Det drejer sig blandt andet om forbud mod handel med stemmer, den såkaldte *voto di scambio*, og inddragelse af dette i definitionen af mafiøse sammenslutninger. Desværre dækker loven kun køb af stemmer for kontanter og ikke, som det oftest er tilfældet, køb af stemmer mod deltagelse i offentlige arbejder. Der er også skredet ind imod mafiaens infiltration i kommunalpolitik, sådan at mafia-infiltrerede byråd kan opløses, og så personer, der kommer under anklage for mafia-aktiviteter eller -forbindelser, kan fjernes fra politiske eller administrative embeder i kommunerne.

Blandt de nye love findes også flere om opmuntring og beskyttelse af pentiti, det vil sige mafiosi, der vælger at samarbejde med myndighederne. Begrebet optræder første gang i italiensk lovgivning i 1978 i forbindelse med den politiske terrorisme, hvor introduktionen af angrende terrorister betød et gennembrud i kampen mod terrorisme. De første mafia-pentiti dukkede op i 1984, og de var essentielle for forløbet af maxi-processen, men juridisk befandt de sig i et tomrum. I flere tilfælde blev problemet løst ved at de blev placeret i det amerikanske „Witness Protection Programme" og derfra 'udlånt' til det italienske retsvæsen. Først i 1991 blev der lovgivet på området, og det amerikanske system blev i stort omfang kopieret. Det italienske system fordrer en slags kontrakt mellem pentito og stat, hvor pentito'en forpligter sig til at samarbejde i det omfang myndighederne ønsker, og staten forpligter sig til at beskytte pentito'en og dennes familie. Senere blev omfanget af beskyttelse udvidet, for at opmuntre nye pentiti, så der også forelå muligheder for at få en ny identitet og en fast løn fra staten resten af livet. Samtidig med at nye pentiti forsøges opmuntret, er strafferammerne for almindelig mafiøs aktivitet blevet skærpet.[7]

---

[7]Lovene om pentiti er: Lov nr. 92 af 15. marts 1991, senere modificeret af lov nr. 203 af 12. juli 1991 og lov nr. 356 af 7. august 1992.

Meget betegnende for denne udvikling er, at staten først har reageret, når situationen var kommet ud af kontrol. Først bomben i Ciaculli i 1963, så mordet på general dalla Chiesa i 1980, og endelig bølgen af vold efter maxi-processen i 1988. Det er klart, at man tidligere troede på en form for inddæmning af mafiaen, og frem for alt, at mafioso'en ville blive ufarlig, hvis han flyttedes fra sin hjemstavn. Tværtimod blev han farligere i kraft af de nye kontakter, han kunne knytte. Først med La Torre-Rognoni loven viser staten, at nu er grænsen nået, og at staten agter at gå i offensiven mod mafiaen.

Kapitel 3

Den administrative, økonomiske og politiske baggrund

Før en egentlig behandling af mafiaens rolle i samfundet kan påbegyndes, må terminologien inden for administration og retsvæsen fastlægges og det må undersøges, hvordan økonomi og politik fungerer (eller ikke fungerer) på Sicilien. Det følgende er ikke en dybtgående analyse af årsagerne til de mange alvorlige samfundsproblemer på Sicilien og i Italien, men blot en gennemgang af de nødvendige forudsætninger for vor problemstilling.

Administrative forhold

Det administrative system i Italien består af fire niveauer. Den nederste administrative enhed er kommunerne. Herover findes provinserne, hvoraf der på Sicilien er ni (Palermo, Trapani, Agrigento, Caltanissetta, Enna, Messina, Catania, Siracusa og Ragusa). Sicilien har siden republikkens dannelse i 1948 udgjort en region af de ialt tyve regioner i Italien.

De vigtigste administrative enheder er kommunerne, der ledes af *il consiglio comunale*, byrådet, som er på direkte valg hvert femte år. Byrådet vælger da borgmesteren, der udpeger *la giunta*, juntaen, bestående af et antal assessorer (rådmænd) for forskellige ansvarsområder. Juntaen varetager den daglige administration og tager de løbende beslutninger, der senere skal stadfæstes af byrådet. Kommunernes største problem er, at de kun i begrænset og absolut utilstrækkeligt omfang har ret til at udskrive skatter, og de er derfor økonomisk afhængige af bevillinger fra de højere niveauer i statshierarkiet.

Provinserne er statslige administrative enheder. Staten er i hver provins repræsenteret af en præfekt, der har ret til at gribe ind, hvis de lokale myndigheder overskrider deres kompetenceområder eller ikke løser de pålagte opgaver. Præfekten kan derfor opløse byråd, hvis de er infiltreret af mafiaen eller på grund af inkompetence. Begge dele forekommer med jævne mellemrum. Præfekten er også øverste chef for de statslige organer i provinsen, herunder politiet. Præfekternes kompetence på Sicilien er dog noget amputeret. Overvågningen af kommunernes adfærd tilkommer to regionalt politisk udpegede råd, *Assessorato agli Enti Locali* under regionen og *Commissione Provinciale di Controllo* under provinsen, men i kraft af øens selvstyre udpeges disse råd i praksis af de samme politikere, der skal kontrolleres.

Efter Italiens noget tilfældige samling i 1860 blev den ny nationalstat forsøgt holdt sammen ved en meget centralistisk statsadministration. Et væbnet separatistisk oprør på Sicilien efter afslutningen på den anden verdenskrig bragte frygten for en opløsning af nationalstaten tilbage, og separatisterne blev forsøgt pacificeret ved i 1946 at tildele Sicilien et udstrakt selvstyre. Det lykkedes delvist og Siciliens selvstyre blev fastholdt i den republikanske forfatning. Siciliens selvstyre er væsentligt mere omfattende end de fleste andre italienske regioners. Først i 1970 blev alle italienske regioner tildelt en begrænset beslutningsmyndighed, men bortset fra de fem regioner, der som Sicilien har en speciel status, har de stadig meget ringe betydning.

Regionernes lovgivende forsamling er *il consiglio regionale*, regionsrådet, der er på valg hvert femte år. Den vælger igen *la giunta*, regionsregeringen. Regeringens leder er præsidenten for regionen. Regionerne har lovgivende magt på de fleste interne områder, blandt andet handel, kultur, infrastruktur, turisme, sundhed og uddannelse.

Statens rolle på Sicilien er begrænset, da meget af kompetencen er overført til regionen. Statens vigtigste kompetenceområder på øen er statsligt politi og retsvæsen, der begge administreres inden for rammerne af provinserne. Det betyder også, at det meste af kampen mod mafiaen er sket i statsligt regi. Staten overvåger, at regionerne løser de opgaver, de er forpligtet til, og kan opløse en regionalforsamling, der ikke løser sine opgaver. Det er dog aldrig sket på Sicilien.

De absolut vigtigste enheder er kommunerne og Regionen. Meget groft kan det siges, at de beslutninger, der vedrører øen som helhed, tages i regionsrådet og -regeringen, mens pengene bliver brugt i kommunerne.

Politi og retsvæsen

Italien har adskillige politikorps. I hver kommune findes *Vigili Urbani*, der klarer lokale opgaver som for eksempel trafikken. Nationalt findes fem politikorps, hvoraf tre er interessante. Det vigtigste er *Carabinieri*-korpset, der hører under militæret. Det efterforsker den alvorligere kriminalitet, og skal specielt opretholde lov og orden i landdistrikterne, men i praksis dækker Carabinieri-korpset hele nationen, land og by. Det civile politi hedder *Pubblica Sicurezza*, Offentlig Sikkerhed, hvilket er betegnende for dets rolle, der i højere grad er at opretholde offentlig ro og orden end at efterforske kriminalitet. Det tredie politikorps er finanspolitiet, *Guardia di Finanza*, der tager sig af skatte- og toldsager samt økonomisk kriminalitet. De to sidste er færdselspolitiet, *Polizia Stradale*, og skovpolitiet, *Polizia Forestale*, der er mindre vigtige i en mafia-sammenhæng.

Bekæmpelsen af mafiaen har traditionelt påhvilet Carabinieri'ene og korpsets udrykningshold, *Squadra Mobile*, i særdeleshed. De finansielle sider af efterforskningen, blandt andet hvidvask af sorte penge, varetages af finanspolitiet. Indbyrdes kompetencestridigheder og en evindelig rivalisering mellem de forskellige korps har været til stor skade for indsatsen mod mafiaen. Korpsene har sjældent kunnet samarbejde, og de har ofte brugt flere kræfter på den indbyrdes konkurrence end på kampen mod mafiaen.

Ved dekret nr. 629 af 6. september 1982 blev der oprettet et højkommissariat for bekæmpelse af mafiaen, der skulle forsøge at koordinere de mange organer, der var involveret i kampen. Det skete nærmest i panik tre dage efter mordet på Carlo Alberto dalla Chiesa. Dagen efter udnævntes dalla Chiesas efterfølger til højkommissær. Der har i dets levetid stået en del blæst om højkommissariatet, der først efter flere år fik de oprindeligt lovede beføjelser. Det har følgelig kun udrettet lidt, og i 1992 blev det nedlagt.

Indtil strafferetsplejeloven blev ændret i 1989, foregik den egentlige efterforskning af kriminalsager primært i en separat gren af retsvæsenet, forundersøgelseskontoret. De jurister, der arbejdede her, efterforskede de enkelte sager og vurderede, om de skulle for en dommer. Skulle de det, udarbejdedes en forundersøgelsesrapport, der så blev grundlaget for anklageskriftet. Dette udarbejdedes af den offentlige anklager, der også førte sagen for retten. Under den nye retsplejelov foretages efterforskningen af den offentlige anklager i samarbejde med politiet.

Alvorligere sager, som mafia-sager normalt er, kommer for nævningedomstolen, *Corte d'Assise*, og kan appelleres til appeldomstolen, *Corte d'Assise di appello*. Øverste juridiske instans er kassationsdomstolen, *Corte Suprema di Cassazione*, der har til opgave at vurdere korrektheden af retssager, men derimod ikke skyldsspørgsmål og strafudmåling. Vurderer kassationsdomstolen, at der er begået procedurefejl, sendes sagen tilbage til forundersøgelseskontoret eller nævningedomstolen.

Til afgørelse af konflikter og forfremmelsessager internt i retsvæsenet findes CSM, *Consiglio Superiore della Magistratura*. Rådet er formelt set uafhængigt, delvis selvsupplerende, delvis udpeget af parlamentet og med landets præsident som formand, men i praksis er rådet ofte blevet udsat for politisk pression. Talrige interne stridigheder i domhuset i Palermo, *Palazzo di Giustizia*, om besættelse af vigtige stillinger inden for antimafia-afdelingerne og om indbyrdes bagvaskelse, er blevet bragt for CSM, der næsten lige så ofte har taget afgørelser til ulempe for antimafia-dommerne. Rådet dømmer også i konflikter mellem forskellige byers forundersøgelseskontorer og offentlige anklagere om kompetencefordelingen og retten til at føre bestemte sager. De mange interne problemer i retsapparatet har været meget hæmmende for mafia-bekæmpelsen.

I forundersøgelseskontoret i Palermo dannedes i 1983 den såkaldte antimafia-pool, bestående af et antal dommere, der skulle undersøge mafia-sagerne gruppevis. Dommerne kunne ikke så let udsættes for pression og bestikkelsesforsøg, og deres personlige sikkerhed blev styrket, når en sag ikke kunne stoppes ved at myrde en enkelt dommer.

Forundersøgelseskontoret blev ledet af Rocco Chinnici, der bakkede antimafia-pool'en op, indtil han blev myrdet i 1983. Hans efterfølger Antonino Caponetto fortsatte Chinnicis linie. Pool'ens mest fremtrædende medlem var Giovanni

Falcone, og da Caponetto trådte tilbage i 1988, forventedes det, at Falcone skulle overtage hans post, men CSM overdragede posten til Antonino Meli, hvis væsentligste fordel var hans højere anciennitet.

Meli støttede ikke antimafia-pool'en, og da Falcone havde mange fjender internt i domhuset, druknede pool'ens arbejde snart i stridigheder, og den blev opløst, gendannet kort tid efter, og igen opløst som følge af reformen af retsplejeloven, der helt nedlagde forundersøgelseskontoret.

I de sidste år er statens engagement i mafia-bekæmpelsen steget, og der er gjort forsøg på en bedre koordination af indsatsen i politiet og retsvæsenet. Oprettelsen i 1991 af et nyt landsdækkende efterforskningsorgan, DIA, *Direzione Investigativa Antimafia*, og i 1992 af en ny koordinerende anklagemyndighed, DNA, *Direzione Nazionale Antimafia*, ofte kaldet *superprocura*'en, er de væsentligste resultater.

DIA skal koordinere den politimæssige efterforskning af mafia-sager mellem de mange politikorps. DIA skal være en slags italiensk FBI med en styrke på 2600 mand, alle hentet fra de eksisterende korps, hvis tidligere samarbejde havde ladet meget tilbage at ønske. *Superprocura*'en skal koordinere de offentlige anklageres arbejde med mafia-sager for at undgå forsinkelser og interne stridigheder. Den består af 20 jurister, der skal arbejde på nationalt plan som antimafiapool'en gjorde det i Palermo. *Superprocura*'en skal arbejde tæt sammen med DIA, og begge organer har udvidede beføjelser til telefonaflytning og andre former for overvågning. Det lokale arbejde sker i DDA, *Direzione Distrettuale Antimafia*, der arbejder som antimafia-pool'en. DDA er en del af den offentlige anklagers afdeling i de enkelte byer.

De nye organer har oplevet en del startvanskeligheder, da ingen af de gamle organer har været villige til at overdrage kompetence til DIA, og de politiske partier har været lammede af korruptionsskandaler og interne stridigheder. Situationen lader til at have bedret sig noget efter mordene på Giovanni Falcone og Paolo Borsellino i sommeren 1992, men pressen rapporterer stadigvæk om udbredte samarbejds- og koordinationsproblemer.

Den økonomiske struktur

Det sicilianske samfund var før den anden verdenskrig et udpræget landbrugssamfund, og øens økonomi var fuldstændigt domineret af en lille gruppe godsejere, der ejede næsten al den dyrkbare jord. Hovedparten af befolkningen, den jordløse landbefolkning, var helt afhængig af godsejerne og deres stedfortrædere på det enkelte gods, *gabellotti*'ene. Byernes betydning var begrænset, deres rolle var primært at være marked for landbrugsprodukter, bopæl for godsejerne samt administrativt centrum.

Efter krigen pressede kommunisternes forsøg på at organisere de jordløse bønder regeringen til i 1950 at gennemføre en jordreform, hvor dele af godsejernes jord blev fordelt. Fordelingen blev dog ofte manipuleret af *gabellotti*'ene og godsejerne, således at mange ingen jord fik. De få, der fik jord, fik så lidt og dårlig jord, at de ikke kunne brødføde sig selv alligevel, og de blev således ikke meget mindre afhængige end tidligere.

Såvel landreformen som det regionale selvstyre førte til en migration til byerne, frem for alt til Palermo. Manglen på jord fik mange jordløse bønder til at søge til byerne i håb om bedre forhold, og det regionale selvstyre fik de få uddannede personer fra landområderne til at søge til Palermo til stillinger i regionsadministrationen. Størrelsen af afvandringen fra landområderne fremgår af tabel 3.1, der viser, at beskæftigelsen i landbruget er faldet i hele efterkrigstiden, både i absolutte tal og relativt, men mindre på Sicilien end i Italien

Tabel 3.1: *Beskæftigelsen i landbruget på Sicilien og i Italien i perioden 1951-81 som del af den samlede beskæftigelse.*

	1951	1961	1971	1981
Antal beskæftigede[a]	760	610	380	262
i % på Sicilien	51,3	41,3	28,7	19,9
i % i Italien	42,2	29,1	17,2	11,1

Noter: (a) Beskæftigelse i landbruget på Sicilien i absolutte tal (1000).
Kilde: ISTAT: 9°, 10°, 11°, 12° Censimento generale della popolazione (1951, 1961, 1971, 1981).

som helhed. Tabellen viser kun beskæftigelsen i landbruget, og den samlede afvandring fra landområderne er derfor større end faldet i beskæftigelsen. Befolkningstallet på Sicilien har i hele efterkrigstiden ligget på mellem 4,5 mio. og 4,9 mio. indbyggere.

Befolkningen på Sicilien er delt i en lille ledende klasse, bestående af den politiske og økonomiske elite, et mellemlag af forretningsdrivende og offentligt ansatte (i kommunen, regionen eller i offentligt kontrollerede virksomheder) og en stor underklasse, *sotto-proletariato*, bestående af fattige folk, uden fast arbejde, der lever i slumkvarterer og hutler sig igennem, som de bedst kan.

Sammenlignet med hele Italien er der på Sicilien en udbredt underbeskæftigelse (se tabel 3.2). Under en trediedel af befolkningen på Sicilien er i arbejde, mod lidt over en trediedel i hele Italien. Resten er arbejdsløse, løst beskæftigede i industri- eller servicesektoren eller slet ikke erhvervsaktive. Arbejdsløsheden, der konsekvent er højere på Sicilien end i hele Italien, rammer primært underklassen, der kun har ringe muligheder for selv at starte en forretning eller opnå et af de attråværdige jobs i den offentlige sektor, og de unge, der har svært ved at komme ind på arbejdsmarkedet.

Tabel 3.3 viser den erhvervsaktive del af befolkningens

Tabel 3.2: *Aktivitetsgrad og arbejdsløshed på Sicilien og i Italien i perioden 1951-81.*

	1951	1961	1971	1981
Aktiv del af befolkningen[a]				
i % på Sicilien	33,0	31,3	28,3	27,3
i % i Italien	41,2	38,7	34,8	35,8
Arbejdsløshed[b]				
i % på Sicilien	—	$\geq 4,4$	$\geq 8,5$	26,0
i % i Italien	—	$\geq 2,9$	$\geq 5,2$	14,8

Noter: (a) Beskæftigelsestallene er den procentdel af den samlede befolkning, der er i arbejde. (b) Som arbejdsløse er regnet egentligt arbejdsløse, som de fremgår af folketællingerne efter 1981, og personer, der søger første stilling, som i italienske statistikker er opgjort separat. Disse arbejdsløshedstal er større end de officielle, men mere realistiske. Personer, der søger første stilling, udgør 65% af de arbejdsløse i 1981. Tallene for 1961 og 1971 er kun tallene for personer, der søger første stilling, da arbejdsløshedstal ikke fremgår af folketællingerne. For 1951 er ingen af disse tal tilgængelige.
Kilde: Som tabel 3.1

fordeling på de vigtigste sektorer. Industrisektoren er vokset støt siden krigen, men beskæftigelsesfordelingen i industrien udviser nogle skævheder. Det er påfaldende, at byggesektoren er meget stor, specielt omkring 1961, hvor den udgør næsten halvdelen. Egentlig fremstillingsvirksomhed udgør tilsvarende en mindre del af industrisektoren, og den har udvist en konstant faldende tendens. Det kunne skyldes, at fremstillingsvirksomhederne er kapitalintensive, og sådanne virksomheder findes også, for eksempel enkelte kemiske og petrokemiske værker, men de er ganske få. De resterende dele af industrien er minedrift og energi- og vandforsyning.

Også servicesektoren er vokset støt fra en fjerdedel til en tredjedel af den aktive befolkning, og væksten har primært fundet sted i den private del af sektoren, da beskæftigelsen i den offentlige administration er stagneret. Det har givet

Tabel 3.3: *Fordelingen af beskæftigelsen på Sicilien i perioden 1951–81 over de vigtigste sektorer. Alle tal er i procent af den aktive del af befolkningen eller nærmeste overordnede gruppe.*

Beskæftigelse	1951	1961	1971	1981
i landbruget	51,3	41,3	28,7	19,9
i industrien	22,8	30,3	33,6	45,1
heraf i bygge-sektoren^a	38,5	49,8	44,0	30,5
heraf i fremstilling^a	58,5	44,5	53,5^b	31,1
i service-sektoren	25,9	28,4	37,7	35,0
heraf i offentlig adm.^{c}	33,5	29,3	22,2	23,2

Noter: (a) Opgjort som procent af beskæftigelsen i industrien. (b) Dette tal inkluderer også minedrift med mere, der de andre år udgjorde lidt under 10% af fremstillingssektoren. (c) Opgjort som procent af beskæftigelsen i service-sektoren.
Kilde: Som tabel 3.1

sig udslag i et stadig voksende antal små detailhandlende og småforretninger. Grunden hertil findes i den kroniske underbeskæftigelse og de ringe muligheder for at finde fast ansættelse, som får mange til at forsøge sig som selvstændige, typisk med en lille forretning. I 1981 var hveranden virksomhed på Sicilien en handelsvirksomhed (mod hver tredie i hele Italien), med i snit to medarbejdere. Konkurrencen blandt disse små forretninger er meget hård og deres gennemsnitlige levetid er på nogle få år.

Helt uden for den beskrevne beskæftigelsesfordeling står *il sottoproletariato*, der forsøger at klare sig som de bedst kan, ofte med et bredt spektrum af illegale eller uformelle aktiviteter: gadesalg, kortvarige ansættelser, hushjælp, kriminalitet og hvad folk ellers kan finde på.

Fordelingen af virksomheder og den beskæftigelse, de giver, efter virksomhedernes størrelse, understreger yderligere den manglende industrialisering. Størsteparten af virksom-

Tabel 3.4: *Fordelingen af fremstillingsvirksomheder og ansatte heri efter størrelse i 1981 for Italien og Sicilien.*

Antal ansatte i virksomheden	Italien		Sicilien	
	Antal[a]	Ansatte[b]	Antal[a]	Ansatte[b]
0–9	84%	22%	93%	39%
10–49	13%	25%	6%	23%
over 50	3%	52%	1%	38%
Gennemsnit	9,7 ansatte		4,9 ansatte	

Noter: (a) I procent af det samlede antal virksomheder. (b) I procent af det samlede antal ansatte.
Kilde: *ISTAT: 6º Censimento dell'industria e del commercio* (1981)

hederne i industrisektoren er ganske små, med i snit fem ansatte, som det ses af tabel 3.4. De eneste undtagelser herfra er nogle ganske få større virksomheder, som næsten alle er under offentlig kontrol, statsligt eller regionalt. Det drejer sig for eksempel om skibsværftet i Palermo og det petrokemiske værk i Gela. Det meste af produktionen sker i små værksteder og egentlig industriel masseproduktion er aldrig slået igennem.

Sammenlignes beskæftigelsesfordelingen på Sicilien og i hele Italien (se tabel 3.5) ses, at fordelingen på Sicilien udviser nogle skævheder i forhold til hele landet. Landbruget er relativt større og industrien forholdsvis mindre. Specielt interessante er afvigelserne i industrien. Byggesektoren er markant større på Sicilien, mens egentlige fremstillingsvirksomheder bidrager væsentligt mindre til beskæftigelsen.

Sicilien har sammen med resten af Syditalien modtaget udviklingsstøtte fra den italienske stat og fra EF, men de ønskede resultater er udeblevet. Pengene fra den italienske stat er mestendels blevet kanaliseret gennem *Cassa per il Mezzogiorno*. I perioden fra 1950 til 1957 gik det meste af støtten

Tabel 3.5: *Fordelingen af beskæftigelsen i Italien og på Sicilien i 1961 og 1981 over de vigtigste sektorer. Alle tal er i procent af den aktive del af befolkningen eller nærmeste overordnede gruppe.*

Beskæftigelse	1961 Italien	1961 Sicilien	1981 Italien	1981 Sicilien
i landbruget	29,1	41,3	11,1	19,9
i industrien	40,6	30,3	56,7	45,1
heraf i bygge-sektorer	29,5	49,8	16,1	30,5
heraf i fremstilling	67,2	44,5	53,6	31,1
i service-sektoren	23,4	28,4	32,2	35,0
heraf i offentlig adm.	29,5	29,3	19,9	23,2

Kilde: *ISTAT: 10º, 12º Censimento generale della popolazione* (1961, 1981).

fra *Cassa per il Mezzogiorno* til infrastrukturen i landområderne for at fastholde befolkningen i landdistrikterne og undgå en social eksplosion. Det havde begrænset effekt, og i 1957 ændrede *Cassa per il Mezzogiorno* strategi henimod de såkaldte *poli di sviluppo*, udviklings-poler. Herved udvalgtes enkelte områder, der modtog massiv økonomisk støtte, i form af bistand, statsdeltagelse i projekter og billig kredit. De fleste af disse udviklings-poler ligger i Campanien, Puglien og på Sardinien, kun enkelte på Sicilien, ved Catania og Gela. Støtten har stort set kun været kapitalstøtte, og de projekter, der er blevet gennemført, har alle været kapitalintensive, og kun bidraget lidt til beskæftigelsen i Syditalien og på Sicilien. Således er det store petrokemiske værk i Gela en sådan udviklings-pol, men det giver kun indirekte beskæftigelse i området, i form af vedligeholdelsesarbejder og levering af varer. Det har ikke skabt nogen nævneværdig industri og endnu mindre beskæftigelse.

De mange penge blev fordelt gennem regionale, provinsielle og lokale udviklingsorganisationer, der igen skulle stå for den videre fordeling og administration af støttemidlerne. Disse organisationer har sammen med *Cassa per il Mezzogiorno* vist sig mere at blive brugt til fremme af politiske ambitioner end til fremme af industri og handel i Syditalien og på Sicilien.

De sicilianske industrivirksomheder er ofte etableret for støttemidler og kører med kronisk underskud, men holdes i live med flere støttemidler for ikke at miste arbejdspladserne. Den regionsstyrede organisation ESPI, *Ente Siciliano per la Promozione Industriale*, skulle oprindeligt have støttet oprettelsen af industrielle virksomheder, men efterhånden ændrede opgaven sig, indtil alle midlerne gik til at overtage konkurstruede virksomheder for at holde dem i live. Derved har ESPI gradvis overtaget en større og større del af den sicilianske industri, som derigennem er kommet under regional politisk kontrol. Betydningen af det vil blive beskrevet i det følgende afsnit.

En sidste gruppe virksomheder, der måske ikke betyder så meget økonomisk som politisk, er de mange kommunale virksomheder, *aziende municipalizzate*, der står for offentlig transport, renovation, belysning, gas- og vandforsyning, sociale boliger, og så videre. Også disse har en væsentlig politisk betydning, der strækker sig langt længere end den opgave, de egentligt skulle løse.

Politiske forhold

Klientelisme er et centralt begreb i syditaliensk politik. Det er et meget komplekst fænomen, der har været kendt siden oldtiden, og der findes en omfattende litteratur om det[1]. Klientelisme er ikke specifikt italiensk.

---

[1] En udmærket gennemgang heraf findes i Anders Kjærgaard, *Mænd af ære. Klientelisme og mafia på Vestsicilien*, Århus, 1989.

Sicilien har i århundreder været et periferiområde i svage statsdannelser, inklusiv den italienske nationalstat, og i mangel af en funktionsdygtig statsmagt har lokale stormænd tilranet sig stadig større magt og kontrol med stadig større dele af samfundets ressourcer. Samfundets 'små' har måtte henvende sig til de lokale magthavere for at få beskyttelse mod andres magtanvendelse og for at få adgang til livsnødvendige ressourcer, som for eksempel jord, arbejde og boliger.

Der er tale om klientelisme, når magthaverne vælger udelukkende at fordele beskyttelse og ressourcer som personlige begunstigelser til enkeltpersoner. Der skabes derved et personligt forhold mellem giver og modtager, der i klientelismens terminologi kaldes 'patron' og 'klient'. Klientens modydelse er først og fremmest anerkendelsen af patronens magt, der ikke er juridisk funderet. Han skal være loyal og respektfuld over for sin patron, komme med små gaver og gøre, hvad han bliver bedt om. Har klienten stemmeret, vil råderetten over klientens stemme indgå i bytteforholdet.

Patron-klient forholdet er grundelementet i et klientelistisk system. De to parter vil ofte betegne det som et 'venskab', også selv om den sociale afstand mellem dem er meget stor, men forholdet er et funktionelt bånd snarere end et følelsesmæssigt, og det kan gå i arv fra far til søn. Forholdet er trods uligheden gensidigt, og klienten kan, hvis patronen ikke sikrer ham den nødvendige beskyttelse, forlade ham og finde sig en anden patron (hvis der er en anden).

Den ulige fordeling af samfundets ressourcer betyder, at et klientelistisk samfund normalt vil være præget af meget store sociale uligheder. Ulighederne giver sig udslag i, at mens klienten er knyttet til en enkelt patron, har patronerne mange klienter. Systemet er hierarkisk, og kan have flere niveauer. Den, der er patron for nogle, kan selv være klient for en patron højere oppe i hierarkiet.

Et klientelistisk samfund er således præget af et meget stort antal lodrette bånd mellem socialt ulige stillede personer og meget få horisontale bånd mellem socialt ligestillede. Denne struktur bidrager til at dæmpe de spændinger, som den skæve fordeling af samfundets ressourcer forårsager.

Klientelistiske systemer har en tendens til at kræve stadig flere ressourcer til fordeling, og de vil derfor ofte så at sige æde deres eget grundlag op.

Siciliens politiske ledelse har siden krigens afslutning været domineret af de kristelige demokrater (DC), der aldrig siden har mistet grebet om øen. Meget af det følgende vil derfor koncentrere sig om dette parti.

Lige efter krigen dominerede godsejerne øen, sådan som de altid havde gjort, fordi tyngdepunktet såvel økonomisk som politisk var på landet. Godsejerne kontrollerede den væsentligste økonomiske ressource, jorden, og besad derigennem også den politiske magt. På klientelistisk vis kontrollerede godsejerne bøndernes og daglejernes stemmer.

Umiddelbart efter de allieredes invasion på Sicilien i 1943 var den dominerende politiske strømning separatistisk, sigtende mod en løsrivelse fra Italien. For at imødegå dette blev Sicilien i 1946 tildelt et udstrakt selvstyre af den provisoriske regering, der blev indsat efter fascismens fald, og selvstyret måtte senere inkorporeres i den republikanske forfatning af 1948. Ved det første regionalvalg i 1947 kom en venstreregering til magten, og godsejerne, mafiaen og andre med etablerede interesser frygtede, at parlamentsvalget i 1948 også ville resultere i en national venstreregering, der straks ville skride ind mod deres jordbesiddelser og interesser. De skiftede derfor parti, og støttede partierne på højrefløjen: monarkisterne, ny-fascisterne og det populistiske *L'Uomo Qualunque*.

Efter parlamentsvalget i 1948, der gav DC og partierne til højre herfor absolut flertal, begyndte mange af godsejerne og mafiaen at flytte deres støtte over til DC, som de nu så som en garant for deres privilegier. Den yderste højrefløj vandt også frem i årene umiddelbart efter krigen. Separatistbevægelsen fortsatte, dels som væbnet oprør under ledelse af Salvatore Giuliano, der til sidst i 1950 blev nedkæmpet med mafiaens hjælp, og dels som politisk bevægelse, men uden væsentlig betydning.

De kristelige demokrater fremlagde efter krigen et ganske progressivt program med planer om udvikling af Syden, jordreformer og hjælp til de svageste, men det gled hurtigt i baggrunden. Efter krigen havde ingen af partierne en egentlig partiorganisation på Sicilien, og det var vanskeligt at opbygge en organisation, da der aldrig har været nogen tradition for interesseorganisationer. Klientelismen har altid været den fremherskende politiske form i Syditalien, og den har dér fremavlet en teknik, der kaldes *trasformismo*. Med *trasformismo* menes en systematisk absorption af dele af oppositionen, der mod adgang til dele af de fælles ressourcer bidrager til flertallet. Godsejerne var de eneste, der havde mulighed for at sikre DC en politisk fremtid på Sicilien, og DC måtte derfor alliere sig med dem for at få fodfæste. Nogen partiorganisation blev ikke opbygget, og valgkampagnerne foregik direkte fra godsejernes kontorer. Partiet absorberede blot godsejernes allerede etablerede klientelistiske netværk.

En konsekvens af jordreformen i 1950 var, at mange godsejere trak deres politiske støtte til DC tilbage, og monarkisterne, ny-fascisterne og *L'Uomo Qualunque* gik voldsomt frem ved følgende lokalvalg, og kom til magten flere steder, blandt andet i Palermo. På længere sigt var jordreformen dog med til at bryde godsejernes magt, da den førte til en omfattende migration bort fra landdistrikterne.

Fra 1951 overtog Amintore Fanfani ledelsen af venstrefløjen i DC (fraktionen *Iniziativa Democratica*, i daglig tale fanfanianerne) og fra 1954 dominerede fraktionen hele partiet. Allerede året før havde Fanfani fået placeret sin protegé Giovanni Gioia i spidsen for DC i Palermo-provinsen. Gioia bragte adskillige af sine venner med sig, heriblandt

Salvo Lima var den mest fremtrædende af 'de unge tyrkere' i Palermo. Efter en lynkarriere i Palermos bystyre, hvor han blev borgmester i 1959, blev han i 1968 valgt ind i parlamentet, hvor han snart blev ministersekretær, og fra 1979 sad Lima i Europa-parlamentet. Gennem hele Limas karriere har der været en aura af mafia omkring ham, men ingen beviser. I 1992 blev han myrdet af mafiaen, og først da kom beviserne for Limas forbindelser til mafiaen frem. Foto: Calega-Battaglia/Giacomino Foto.

Salvo Lima, Vito Ciancimino, Mario D'Acquisto og Giovanni Matta, som alle skulle få centrale roller i Palermos bystyre og i regionsstyret i de følgende årtier.

I samme periode overtog andre unge kristelige demokrater ledelsen af partiet i flere andre provinser i Syditalien, hver med tæt kontakt til lederen af en af DC's fraktioner. I Catania således Antonino Drago, der var tæt knyttet til Emilio Columbo og *Dorotei*-fraktionen, der fra 1959 var den dominerende i partiet. Den nye generation af unge provinssekretærer kaldtes for 'de unge tyrkere'.

Fælles for de unge tyrkere var, at de ikke som godsejerne havde et personligt ressourcegrundlag og et kontaktnet, der var uafhængigt af partiet. De måtte skabe en magtbase fra bunden og påbegynde opbygningen af lokale partiorganisationer, der skulle gøre partiet uafhængigt af godsejerne og deres klientelistiske netværk. Tanken var at gøre partiet til et moderne masseparti, men organisationen kom i virkeligheden til at tjene to helt andre formål: at skaffe økonomisk og valgmæssig opbakning til fraktionslederne i Rom, og at gøre det muligt for de unge tyrkere fuldstændigt at overtage kontrollen med deres respektive byer og provinser.

De kristelige demokrater er ikke et egentligt parti, men et konglomerat af fraktioner, kaldet *correnti* (strømninger). De forskellige fraktioner er anerkendte dele af partiet, med egne ledere, sekretariater og landsmøder. Fraktionernes indbyrdes styrke i partiet afhænger af, hvor mange repræsentanter, de kan regne med på partiets landsmøder. Hver provinsafdeling sender et antal repræsentanter i forhold til afdelingens medlemstal. Hvis en fraktion kontrollerer en provinsafdeling, kan den oprette lokalafdelinger på skrømt og udstede partibøger til familie og venner helt uden for kontrol, og på den måde øge sit medlemstal og dermed sin repræsentation på partiets landsforsamlinger. I områder med en veludviklet politisk tradition er disse numre umulige, men på Sicilien, der ikke har nogen tradition for interesseorganisationer og politiske foreninger, findes kun partiorganisationens top, medlemsskab er pro forma og medlemmerne har ingen indflydelse på partiafdelingens virke. Her er rige muligheder for manipulation, og de benyttes. Resultatet har været, at Sicilien internt i DC har langt større vægt, end øens størrelse kan retfærdiggøre.

At de unge tyrkere oprindeligt var i opposition til godsejerne og agiterede mod godsejernes klientelistiske metoder, blev glemt, så snart de kom til magten. Med deres gode kontakter til partilederne i Rom havde de rige muligheder for at yde tjenester til vigtige folk lokalt ved at tiltrække investeringer eller ordrer og ved at skaffe eller blot love jobs og boliger til de nødlidende i byerne, der var præget af arbejdsløshed og slumbebyggelse. Da de havde indtaget deres pladser i byrådene, i regionsrådet og i ledelsen for de mange offentligt kontrollerede virksomheder begyndte de straks at opbygge deres egne klientelistiske netværk.

Klientelisme kan bestå, hvor der er mangel på en eller flere vigtige ressourcer og hvor adgangen til disse ressourcer kan monopoliseres. Tidligere var den altafgørende ressource jorden, men efter urbaniseringen var de vigtigste ressourcer arbejde og boliger for byernes fattige mens det for forretningsfolkene var offentlige arbejder og hurtig forretningsgang i bureaukratiet. Disse ressourcer kunne monopoliseres gennem kontrol med bystyret, regionsregeringen og de talrige offentligt kontrollerede virksomheder og organisationer, og det var netop det, der lykkedes for de unge tyrkere.

Styrken af de enkelte fraktioner i et parti afgøres også af det antal personlige stemmer, deres medlemmer kan mønstre ved valgene. Partilisterne ved valgene har sideordnet opstilling, således at de kandidater, der får flest personlige stemmer, kommer ind. Valgkampen er derfor ikke blot mellem partierne, men lige så meget mellem de forskellige fraktioner. Partifraktionerne er Italiens rigtige partier.

Efter hvert valg skal de mange politiske kontrollerede stillinger besættes, både i den egentlige politiske sfære og i de mange virksomheder og organisationer, der er under politisk kontrol. Processen kaldes *lottizzazione*, udlodning. Hver fraktion forsøger at besætte bestemte nøglepositioner, der vil sætte dem i stand til at yde flere tjenester, hvorved fraktionens samlede klientskare vil vokse. Herved får fraktionen mulighed for at få større politisk opbakning ved næste valg, der igen sætter den i stand til yderligere at øge klientskaren. Systemet er selvforstærkende.

Der er et antal positioner, som en partifraktion skal kontrollere for at kunne dominere en by. De mest interessante stillinger er de, der giver mulighed for at styre ansættelser, udgifter, fordelingen af boliger og pensioner eller udstedelsen af tilladelser og bevillinger. Vigtigst er kontrollen over byrådet og borgmesterposten. Kontrol over byrådet fordrer ikke nødvendigvis absolut flertal, men mulighed for at alliere sig med andre partier eller fraktioner, eventuelt ved at tilbyde gode 'ben' til deres ledere. I kommunerne og i regionen er assessoratet for offentlige arbejder det vigtigste. Det giver store muligheder for at skabe en stor klientskare og en stor formue. Mere end én politisk karriere er startet der.

Assessoratet for byplanlægning er også vigtigt. Mange af byerne har store slumkvarterer, der burde renoveres, så kontrol over byplanlægningen og udstedelsen af byggetilladelser har været altafgørende for det byggeboom, de sicilianske byer oplevede i 1960'erne. Byggeboomet har ikke fjernet slummen, men der er tjent mange penge. En teknik har været at bygge store almennyttige boligkomplekser langt fra centrum, hvor byggegrundene var billige. På den måde skulle det offentlige bygge veje, kloakere og elektrificere områderne mellem centrum og de nye kvarterer, og værdien af områderne mellem de nye kvarterer og centrum steg mange gange.

De sociale boliger bliver fordelt gennem IACP, *Istituto Autonomo per le Case Popolari*, og ledelsen heraf giver gode muligheder for at samle stemmer fra boligsøgende. Trods den katastrofale boligsituation i mange af byerne står lejlighederne ofte tomme i måneder og år, indtil valget nærmer sig. Først da fordeles en del af lejlighederne. Der findes mange andre selskaber og virksomheder, der kan benyttes til stemmehvervning. Socialforskeren Judith Chubb har lavet en imponerende lang liste over administrative positioner, virksomheder og organisationer, der er under politisk kontrol.[2] Det drejer sig blandt andet om hospitaler, de vigtigste banker, og talrige semi-offentlige virksomheder og organer. Chubb skønner, at i 1976 var omkring 35% af arbejdsstyrken i Pa-

---

[2] Judith Chubb, *Patronage, Power and Poverty in Southern Italy*, Cambridge, 1982, ss. 92–93 (tabel 4.5).

lermo beskæftiget i offentlige, eller semi-offentlige virksomheder og organisationer.[3] I hele Sicilien udgør de offentligt og semi-offentligt ansatte nok en mindre del.

Hvis arbejde og bolig er vigtigst for den enkelte vælger, så er adgangen til kredit altafgørende for virksomhederne. De vigtigste kreditinstitutioner på Sicilien er *Banco di Sicilia* og *Cassa di Risparmio 'Vittorio Emanuele' per le Province Siciliane*, og begge er under regional kontrol, i den forstand at regionsrådet udpeger både direktør og direktion. Eneste kontrolforanstaltning er, at Italiens nationalbank skal godkende valgene. *Banco di Sicilia* havde igennem 1970'erne ingen øverste direktion, fordi nationalbanken ikke ville godkende de kandidater, som Giovanni Gioias allierede i regionen vedblev med at indstille. Klientelistiske overvejelser vejer tungere end erhvervslivets og samfundets behov.[4]

Andre vigtige poster er i forskellige interesseorganisationer, som for eksempel *coldiretti*, der er de små landbrugeres forening. Frem for at varetage landmændenes kollektive interesser, bliver ledelsen mere en formidler, der har de nødvendige forbindelser til at kunne hjælpe enkelte medlemmer med specifikke problemer som for eksempel tildeling af statsstøtte eller pension.

For at kunne udnytte den kommunale administration og de kommunale selskaber på klientelistisk vis er de kontrollerende organer *Commissione Provinciale di Controllo* og *Assessorato agli Enti Locali* vigtige. Disse har indtil 1976 været besat af fanfanianerne med tilkytning til Gioia, hvorefter andreottianerne med Salvo Lima i spidsen overtog kontrollen.

Ser vi kort på, hvordan tjenester bevæger sig op og ned i hierarkiet — historikeren Paul Ginsborg kalder det mag-

---

[3] *ibid.*, s. 89.
[4] Nicola Tranfaglia, (red.), *Mafia, politica e affari. 1943–91*, Laterza, Roma-Bari, 1992, s. 90.

tens og indflydelsens drivrem (transmission belt)[5] — finder vi i toppen lederne af de forskellige fraktioner, *i capi correnti*. De er Italiens øverste politiske elite og har direkte eller indirekte kontrol over meget store dele af samfundets ressourcer. Under dem findes et antal *partimagnater*, der kan være provinssekretærer i partiet eller ledere af de store statslige koncerner. De har en solid magtbase, men er afhængige af deres *capo corrente* i Rom for bevillinger eller politisk opbakning. Til gengæld kan de yde valgmæssig eller skjult økonomisk støtte til fraktionen.

Partimagnaterne, specielt partiets mellemledere, baserer deres magt på et antal storvælgere, *grandi elettori*. En storvælger er en person, der har et bredt kontaktnet, der spreder sig over flere samfundsgrupper, som for eksempel lederen af en stor offentlig virksomhed, en kommunal embedsmand eller en vigtig forretningsmand. En storvælger vil normalt være i stand til at kontrollere adskillige tusinde stemmer. Storvælgerne bygger igen deres bagland på et antal hovedvælgere, *capi elettori*, der hver har kontakter i en enkelt gruppe. En hovedvælger kan være en sjakbajs på en arbejdsplads, en almindeligt respekteret person i kvarteret eller blot en offentligt ansat med en stor familie og vennekreds. Han vil normalt kontrollere nogle hundreder stemmer. Hovedvælgerne er systemets arbejdsheste; de skal dele valgpropaganda ud og kontakte de enkelte vælgere og forsøge at skaffe deres stemmer til gengæld for, hvad storvælgeren eller partimagnaten vil være i stand til at love dem. I et samfund med så udbredt arbejdsløshed og boligmangel som i det sicilianske vil blot et løfte om en fordel ofte være nok til at skaffe en stemme.

De forskellige lag i hierarkiet skal ikke opfattes som faste positioner, men snarere som roller, en person kan udfylde på et givent tidspunkt. Grænserne mellem lagene er langt

---

[5]Paul Ginsborg, *A History of Contemporary Italy. Society and Politics 1943–1988*, Penguin, 1990, s. 178.

fra faste, og alle roller er ikke nødvendigvis til stede i alle situationer. Som et konkret eksempel kan nævnes AMNU, *Azienda Municipalizzata Nettezza Urbana*, der er det kommunale renovationsselskab i Palermo, med omkring 2500 ansatte. Selskabet har delt byen i otte områder, der hver ledes af en områdeleder, der igen suverænt afgør, hvem der arbejder i området, hvor de arbejder, hvor meget de arbejder, og hvor tit. Den politisk udpegede chef for AMNU har da rollen som storvælger, med de otte områdeledere som hovedvælgere. Områdeledernes indflydelse på de ansatte bruges til at kontrollere deres og deres familiers stemmer. Chubb skønner, at der i Palermo er omkring 1000–1500 *capi elettori*, der hver kontrollerer 300–500 stemmer.[6] Det drejer sig derfor om et betragteligt antal stemmer, givet byens størrelse på omkring 700.000 indbyggere.

Arten af tjenesterne er forskellig, alt efter forholdet mellem partimagnater, storvælgere og hovedvælgere, men generelt vil handelen øverst i systemet være valgmæssig og økonomisk støtte til gengæld for adgang til statslige eller regionale ressourcer, og nederst stemmer til gengæld for løfter om boliger og jobs.

Et væsentligt aspekt af klientelismen er, at politik bliver meget personorienteret. En persons, patronens, stemmemæssige opbakning er et produkt af hans personlige netværk (klienterne). Netværket er personligt og ikke-ideologisk, så det flytter med, hvis patronen vælger at skifte parti eller fraktion. Det kan forårsage store omvæltninger i det lokale politiske billede, hvis en vigtig patron kan elimineres, overtales til at skifte side eller selv vælger at bryde løs fra egne patroner. Selv på nationalt plan kan det forårsage alvorlige forskydninger i det politiske billede, hvis en enkelt patron flytter sin politiske loyalitet til en anden fraktion.

---

[6]Chubb, *Patronage* cit., ss. 168–69.

At tjenester ydes af enkeltpersoner til enkeltpersoner betyder også, at mange andre problemer får individuelle løsninger i stedet for kollektive løsninger. At skaffe en bolig eller et job bliver et spørgsmål om at kende en, der kender en, og tanken om at lave en forening, hvor man i fællesskab kan arbejde for, at der bliver bygget flere boliger, er ganske fjern. Herved udarter det sig til alles kamp mod alle, der medvirker til at bevare systemet. De horisontale relationer mellem socialt ligestillede erstattes af vertikale relationer mellem patronerne og deres socialt lavere rangerende klienter og de enkelte samfundslag fragmenteres fuldstændigt.

Omfanget af de klientelistiske metoder illustreres godt af, at af de næsten 9000 personer, der blev ansat af regionen fra 1946 til 1963, blev 92,5% ansat ved *chiamata diretta*, ved direkte opkald. Det betyder, at en indflydelsesrig person har kontaktet den, der står for ansættelserne, og 'anbefalet' sin klient, der så er blevet ansat. I syv regionale virksomheder androg delen af personalet, der var ansat ved *chiamata diretta*, over 90% og i visse tilfælde endda 100%.[7]

Resultatet af ansættelseskriterier, der sætter forbindelser over kvalifikationer, er, at selv om de offentlige kontorer ofte er overbemandede, er de alligevel ude af stand til at løse mange opgaver på grund af mangel på kvalificeret personale. Mange vigtige opgaver, der kræver koordinering og ekspertise hos myndighederne, bliver aldrig ført ud i livet, men ikke på grund af mangel på finansielle ressourcer. Således har staten bevilget milliardbeløb til saneringen af Palermos gamle centrum, men det er aldrig blevet gennemført, på trods af at saneringen har stået på dagsordenen siden sidst i 1950'erne. Den nødvendige ekspertise findes simpelthen ikke i byens administration.

---

[7]Pino Arlacchi, *La mafia imprenditrice. L'etica mafiosa e lo spirito del capitalismo*, Il Mulino, Bologna, 1983, ss. 91 og 92, tabel 2 og 3.

Kapitel 4

Kildegrundlaget

Kildesituationen til belysning af mafiaen er af gode grunde besværlig, da mafiaen og dens forbindelser ikke frivilligt lader sig undersøge og kontrollere. Sker det alligevel og hvis dens interesser gås for nær, reagerer mafiaen ofte med vold. Det hæmmer selvsagt mulighederne for at skaffe sig pålidelige oplysninger. For de oplysninger vi trods alt har, har mange betalt en høj pris, ofte deres liv. Listen af politifolk, dommere, politikere, journalister og andre, der er blevet dræbt af mafiaen, er uhyggelig lang.

Kilderne til den moderne mafias historie kan samles i få kategorier: materiale fra politiets og retsvæsenets virke; betænkninger fra parlamentariske undersøgelseskommissioner; og beretninger fra 'pentiti' (mafiosi, der samarbejder med myndighederne). Hertil kommer forskelligt sekundært materiale, for eksempel erindringer, avis- og tidsskriftartikler og politiske skrifter.

Kildematerialets begrænsninger volder en del problemer: den tidsmæssige fordeling af kilderne er meget skæv, mulighederne for at lave kvantitative vurderinger af mafiaens aktiviteter og indflydelse er begrænsede, og kilderne tillader os kun i beskedent omfang at afgrænse gruppen af mafiosi i forhold til resten af befolkningen.

Politimæssigt og retsligt materiale

Fra politiet og retsvæsenet kommer politirapporter, forundersøgelsesrapporter, anklageskrifter, retsbøger og domsudskrifter. Bortset fra politirapporterne og forundersøgelsesrapporterne i efterforskningsperioden er alt materialet offentligt tilgængeligt.

Politirapporterne handler om enkelte begivenheder, der som oftest først sættes ind i en større sammenhæng i forundersøgelsesrapporterne eller anklageskrifterne, og det er også her, at oplysningerne kommer frem.

De præventive foranstaltninger, som socialt farlige personer og senere mafiosi kunne underkastes ifølge lov 1435/56 og lov 575/65, administreredes af politiet, og der blev optaget et meget stort antal rapporter både på personer, der allerede var underkastet præventive foranstaltninger, og på personer, som politiet mente muligvis skulle underkastes præventive foranstaltninger. Her findes oplysninger om mange mafiosis tidlige aktiviteter, selv om rapporterne bærer præg af tidens manglede forståelse af mafiaens karakter.

Efter mordet på general dalla Chiesa i 1982 er lovgivningen blevet skærpet flere gange, og politiet har fået øgede beføjelser til at foretage telefon- og rumaflytninger og til at overvåge mistænkte personer og deres omgangskreds. Det kan give interessante oplysninger om mafiaens indre logik og virkemåde. Oplysningerne skal dog hentes andre steder, selv om deres oprindelse findes her.

Det er i forundersøgelsesrapporterne og i anklageskrifterne, at de vigtigste oplysninger kommer frem. Her forsøger dommerne netop at danne sig et samlet billede af forbrydelsernes forløb og baggrund. Tidligere var dommerne hæmmet af lovens krav om dokumentation for enkeltpersoners ansvar for enkelte forbrydelser, hvorved det samlede billede let fortonede sig, men La Torre-Rognoni loven, og introduktionen af begrebet 'mafiøse sammenslutninger' har hjulpet meget.

Vigtige forundersøgelsesrapporter og anklageskrifter bliver ofte mangfoldiggjort af pressen, ikke sjældent i form af et tillæg med den komplette tekst, eller udgivet i bogform.

Retsbøgerne fra mafia-retssagerne er mindre nyttige som kilder. De er meget omfattende og fyldt med irrelevante oplysninger af enhver art. Skænderier mellem henholdsvis dommere, advokater, anklagere og repræsentanter for civile søgsmål om procedurespørgsmål, domstolens kompetence og alverdens detaljer bidrager til omfanget, men kun lidt til belysning af mafiaens virksomhed. Retsreferaterne er primært kilder til sagens forløb, og kun sekundært til de begivenheder, anklagerne omhandler. Et glimrende eksempel på forløbet af en mafia-proces findes i Peter Søndergaards uddrag fra afhøringerne af Tommaso Buscetta under maxi-processen.[1]

Fælles for alt materialet er, at det skal ses i forhold til den gældende lovgivning, der jo har ændret sig meget gennem efterkrigstiden. Værdien af materialet har ændret sig tilsvarende. Specielt erkendelsen af mafiaens karakter af organisation og denne erkendelses omsættelse i lov har betydet særdeles meget for politiets og dommernes muligheder for at afdække mafiaens virke.

Parlamentskommissioner

Der har været nedsat politiske antimafia-kommissioner af to politiske organer, nemlig det nationale parlament og den sicilianske regionalforsamling. Det italienske parlament har en gammel tradition for at nedsætte undersøgelseskommissioner for alskens problemer. Kommissionerne repræsenterer parlamentet og har ret til at indkalde vidner og rekvirere dokumenter fra andre myndigheder. I nogle tilfælde ender

---

[1] Søndergaard, *Den sicilianske mafia* cit., bd. 2, ss. 203ff og bd. 3, ss. 145–329.

kommissionerne som en syltekrukke for problemerne, i andre tilfælde producerer de dybtgående rapporter, som kan få omfattende politiske og juridiske konsekvenser.

Parlamentets antimafia-kommissioner har en lang og besværlig historie. De første forslag om oprettelse af en parlaments-kommission til undersøgelse af mafia-problematikken kom i 1948, fremsat af kommunisterne og socialisterne, men afvist af de kristelige demokrater. Forslaget blev jævnligt genfremsat, men ikke vedtaget før i 1962, hvor *Commissione parlamentare d'inchiesta sulla mafia in Sicilia*[2] blev oprettet. Dette var efter, at socialisterne var indtrådt i såvel den nationale som den regionale regering. Kommissionen trådte først sammen seks måneder efter vedtagelsen af loven, da bilbomben i Ciaculli-kvarteret i Palermo dræbte syv politifolk.

Kommissionens første egentlige arbejdsperiode var den fjerde parlamentsforsamling, fra 1963 til 1968. Dens første betænkning til parlamentet i 1968 var omfangsrig, men efter voldsomt politisk pres undlod kommissionen at konkludere noget om mafiaens forhold til de ledende politiske kredse på Sicilien. Emnet var for følsomt.

Under den femte parlamentsforsamling fra 1968 til 1972 tilfaldt ledelsen af kommissionen Francesco Cattanei (DC), der i samarbejde med Girolamo Li Causi (PCI), deputeret fra Sicilien, var i stand til delvis at modstå politisk pres om ikke at undersøge forholdene mellem mafia og politik. Det førte til flere sicilianske politikeres fald.

Cattaneis engagement faldt ikke i god jord, og i 1972 blev han ikke genvalgt. Formandskabet for antimafia-kommissionen gik til Luigi Carraro (DC), der ikke var så aktiv som forgængeren. Ved afslutningen af den sjette parlamentsforsamling i 1976 afleverede kommissionen en betænkning, som

---

[2] Parlamentarisk undersøgelses-kommission vedrørende mafiaen på Sicilien, oprettet efter lov nr. 1720 af 20. december 1962.

ifølge kommissionens kommunistiske mindretal var fuldstændigt utilfredsstillende. Flertallets betænkning var meget moderat, specielt i forbindelse med placeringen af det politiske ansvar, og Pio La Torre (PCI) aflagde på mindretallets vegne betænkning og kom heri med mange, vidtgående forslag til lovgivning mod mafiaen. Der skete dog intet i parlamentet, da betænkningen kom politisk ubelejligt. De kommunistiske deputerede havde altid været den drivende kraft i kommissionen, men sidst i 1970'erne var der forsøg på tilnærmelser mellem de kristelige demokrater og kommunisterne, det såkaldte 'historiske kompromis', og dertil kommer, at perioden var præget af politisk terrorisme. I den syvende parlamentsforsamling fra 1976 blev kommissionen ikke nedsat igen, og mafia-problematikken blev nedprioriteret.

Denne passivitet i forhold til mafiaen stod på i flere år, indtil flere højtstående personer blev myrdet af mafiaen først i 1980'erne. I januar 1980 blev præsidenten for Regionen Sicilien, Piersanti Mattarella, myrdet; i april 1982 blev Pio La Torre myrdet af mafiaen; den 3. september samme år blev præfekten for Palermo, general Carlo Alberto dalla Chiesa, og hans kone skudt ned på åben gade. De var blot nogle af de mest prominente.

Mordene og den stemning, de skabte, bragte flere af den gamle kommissions forslag frem igen, og mange af forslagene fra La Torres meget vigtige mindretalsbetænkning blev gennemført i al hast. Som en del af det nye lovkompleks blev der nedsat en ny antimafia-kommission, den anden i rækken, *Commissione parlamentare sul fenomeno della mafia*[3]. I modsætning til den tidligere kommission skulle den ikke undersøge mafia-problematikken selvstændigt, men overvåge håndhævelsen af lovkomplekset og foreslå revisioner hertil om nødvendigt.

---

[3]Parlamentarisk kommission vedrørende mafia-fænomenet, oprettet ifølge lov nr. 646 af 13. september 1982.

Denne kommission foreslog i sin statusrapport fra 1987, at der nedsattes en permanent undersøgelses-kommission, og året efter blev den tredie af slagsen, *Commissione parlamentare d'inchiesta sul fenomeno della mafia e sulle altre associazioni criminali similari*[4] nedsat. Denne kommission var i starten ledet af Gerardo Chiaromonte (PCI/PDS), og fra 1992 til 1994, i den ellevte parlamentsforsamling, af Luciano Violante (PDS). Under venstrefløjens ledelse har kommissionen været meget aktiv, den har produceret dusinvis af rapporter hvert år, og den har udviklet sig til en central faktor i kampen mod mafiaen. Efter valget i 1994 er den tredie antimafia-kommission blevet gennedsat, denne gang under forsæde af Tiziana Parenti fra det nye parti *Forza Italia*, men det er endnu for tidligt at vurdere dens arbejde.

Det er klart, at antimafia-kommissionernes rapporter er meget vigtige dokumenter. De indeholder høringer af pentiti, dommere, politikere, forskere, og mange flere, der deltager i kampen mod mafiaen, og afhøringer af politikere og forretningsfolk, der på en eller anden måde er sat i forbindelse med mafiaen. Antimafia-kommissionerne har undersøgt talrige sager i detaljer, og har fremlagt et stort og detaljerigt materiale i rapporterne.

En analyse af kommissionernes materiales anvendelighed må tage udgangspunkt i, at det er politiske organer med politiske formål. Det var oprindeligt kommunisterne, der pressede på for at få antimafia-kommissionerne nedsat, og de kommunistiske delegerede har altid været drivkraften i dens arbejde. Det er ikke en tilfældighed, da kommunisterne altid har været mål for mafiaens vold, blandt andet på grund af deres forsøg på at organisere de sicilianske bønder, og da det

---

[4]Parlamentarisk undersøgelseskommission vedrørende mafia-fænomenet og andre lignende kriminelle sammenslutninger, oprettet ifølge lov nr. 94 af 23. marts 1988.

parti, der sad på de fleste af stemmerne og magten i Syden og derfor var mest udsat for mafia-infiltration, var de kristelige demokrater. Kommunisterne havde meget at vinde ved at afsløre de forskellige DC-fraktioners flirten og samarbejde med mafiaen. Kommissionerne er sammensat efter parlamentets sammensætning, og kommunisterne har derfor altid været i mindretal. I tilfælde af uenighed om konklusionerne har de kommunistiske delegerede afgivet mindretalsbetænkninger, der altid har været mere vidtgående end flertallets.

Kommissionernes egentlige formål er at undersøge problemerne på parlamentets vegne, og resultatet af arbejdet er rapporter og lovforslag, som de sender til parlamentet. Som et sideresultat har kommissionerne indsamlet store mængder informationer af næsten enhver art. Specielt Cattanei-kommissionen indsamlede meget materiale, så meget at udgivelsen først afsluttedes i 1985.

Det samlede omfang af antimafia-kommissionernes materiale er stort. Af det seneste katalog fra senatets boghandel fremgår omkring hundrede rapporter fra kommissionerne med et samlet omfang på over hundrede tusinde sider.[5] Dokumentationsmængden er overvældende og særdeles detaljeret med påfølgende risiko for at drukne i detaljer.[6]

Pålideligheden af kommissionernes materiale bliver generelt vurderet højt. Den politiske sammensætning af kommissionerne gør det vanskeligt for enkelte grupper at manipulere med faktuelle oplysninger. Der er derfor kun en lille eller ingen risiko for, at kommissionerne fremkommer med bevidst forkerte faktuelle oplysninger. Det vil blive brugt politisk

---

[5] Senato della Repubblica, „Catalogo della libreria", Senato della Repubblica, Roma, april 1993.
[6] Tranfaglia, *Mafia, politica e affari* cit., er en meget nyttig samling af de vigtigste dele af de parlamentariske undersøgelseskommissioners materiale vedrørende mafiaen og dens politiske og økonomiske aktiviteter. Materialet kommer fra de tre antimafia-kommissioner og fra Sindona-kommissionen.

mod de grupper i kommissionerne, der står bag. Derimod er risikoen for politisk bestemte udeladelser ganske betragtelig, hvis kommissionernes medlemmer har en fælles interesse deri. Det næsten permanente modsætningsforhold mellem de kristelige demokrater og kommunisterne har sandsynligvis sikret, at dette ikke er sket. Eneste undtagelse er den første kommissions ophør i 1976 af national-politiske grunde.

At kommissionerne har været til gene, politisk set, kan udledes af, at de ofte har været udsat for politisk pres og forsøg på at hindre eller hæmme deres arbejde. Et eksempel herpå er de kristelige demokraters udpegning af Giovanni Matta til kommissionen i 1972. Matta var tidligere assessor for offentlig ejendom og for offentlige arbejder i Palermo, og hans administration af disse stillinger havde i den foregående periode været under undersøgelse af kommissionen. Matta skulle således medvirke til at undersøge forhold, han selv var part i. Kommissionens flertal trak sig i protest, ledet af de kommunistiske medlemmer. Stillet over for sådan opposition måtte de kristelige demokrater skifte Matta ud med en mindre kontroversiel person. Kommissionens kommunistiske mindretal gav senere udtryk for, at formålet med indstillingen af Matta var at diskreditere kommissionens arbejde.[7]

Efter mordet på Carlo Alberto dalla Chiesa i 1982 oprettede den sicilianske regionalforsamling en antimafia-kommission, men dens arbejde kom aldrig rigtig i gang på grund af politisk modvilje mod dens arbejde. Denne kommission har ikke fremlagt meget kildemateriale, men dens virke har dog i perioder skabt bølgegang i siciliansk politik.[8]

---

[7] *ibid.*, ss. xxv og 181.
[8] Felice Cavallaro, *Mafia. Album di Cosa Nostra*, Rizzoli, Milano, 1992, ss. 234–42. Kommissionens og dens formands ønsker og mål findes beskrevet i Søndergaard, *Den sicilianske mafia* cit., bd. 3, ss. 57–61, der har interviewet formanden i 1985.

Parlamentariske kommissioner om andre emner har også berørt mafia-problematikken. Det gælder specielt kommissionen vedrørende den hemmelige frimurer-loge P2 og kommissionen omkring finans- og bankmanden Sindonas forretninger, krak og lyssky affærer.

Angrende mafiosi

Adskillige mafiosi har 'angret' og fortalt om hændelser, de har taget del i eller hørt om i deres egenskab af mafioso. Pentiti'enes beretninger kommer frem gennem politiets afhøringer af dem og gennem retssager, høringer af pentiti foran parlamentariske undersøgelseskommissioner, og interviews, som pentiti har givet, efter at deres sager er ført til ende.

En mafiosos tilståelser kan ikke sammenlignes med en almindelig kriminels tilståelser. Mafiaen udgør en subkultur, der indeholder mafioso'ens liv i dets helhed, og som ikke tillader, at væsentlige dele af en mafiosos tilværelse udfolder sig uden for subkulturen, medmindre det er i 'embeds' medfør. At samarbejde med myndighederne udgør et fuldstændigt og uigenkaldeligt brud med subkulturen, og fører uværgeligt til udstødelse og repression fra mafiaens side. Adskillige, der har brudt kravet om *omertà*, er blevet myrdet af mafiaen, har fået familiemedlemmer dræbt eller har begået selvmord.

En mafioso, der vælger at samarbejde med myndighederne, tager et skridt, der ikke kan gøres om. Han bringer sig selv og sin familie i livsfare, og placerer sig selv i en situation, hvor han er fuldstændig afhængig af myndighedernes tro på hans tilståelser og den politiske vilje til at beskytte ham og hans familie. Tidligere var pentito'en fuldstændigt prisgivet statens vilkårligheder, men siden 1991 er forholdet mellem pentito og myndighederne blevet reguleret ved lov[9].

[9]Se side 47.

Pentiti'enes motiver til at samarbejde varierer, men fælles for de fleste er, at de internt i mafiaen er kommet i en akut livsfarlig situation, hvor deres bedste chance for at overleve har været at overgive sig til politiet, eller hvis de på anden måde kom i politiets varetægt, at samarbejde for ikke at blive myrdet i fængslet. Hertil skal tilføjes, at samarbejdet med myndighederne også giver dem en mulighed for at ramme deres fjender i mafiaen. Adskillige pentiti har selv forklaret deres brud på mafiaens normsæt med, at den 'gamle' mafia (deres) var god, men den er blevet ødelagt af 'de andre' (deres fjender). Pentito'ens brud på *omertà* forklares og forsvares med de andres brud på andre af mafiaens æresbegreber, som for eksempel at holde ord og ikke svigte sine venner.

'Angrende' mafiosi er et relativt nyt begreb i mafiaens historie, idet det først har betydet noget fra omkring starten af 1980'erne, men der findes mindst to 'proto-pentiti'. Den første var Melchiorre Allegra, en læge fra Castelvetrano, der i 1937 blev anholdt i forbindelse med drabet på en bandit. Han berettede over for politiet, at han siden 1916 havde været medlem af „det man kalder mafiaen", og fortalte om mafia-familierne og optagelsesritualerne. Hans beretning fik aldrig nogen konsekvenser, og han døde af naturlige årsager efter krigen.[10] Den anden 'proto-pentito' var Leonardo Vitale fra Palermo i 1973. Han angav selv moralske og religiøse skrupler som årsagen til sine tilståelser, men hans udtalelser var uklare og han blev regnet for skør. Han blev fængslet, dømt på grundlag af egne tilståelser, anbragt i en sindsygeanstalt og myrdet af mafiaen kort tid efter løsladelsen i 1984,

---

[10] Allegras beretning blev offentliggjort af Palermo-avisen *L'Ora*, 22.–25. januar 1962, som en del af den kampagne, der førte til nedsættelsen af den første antimafia-kommission. Beretningen har dog aldrig fået nogen større opmærksomhed, men dokumenterer klart, at mafiaens organisation ikke er af ny dato.

fordi han havde brudt *omertà*. Hans beretning blev dog senere, da der kom flere pentiti til, bekræftet på næsten alle punkter.

Den anden mafia-krig (1981-83) og dens systematiske likvideringer af hele mafia-familier førte til en ny strøm af pentiti, hvoraf de mest prominente var Tommaso Buscetta og Salvatore Contorno. Deres udsagn dannede en væsentlig del af grundlaget for maxi-processen.

Nogle flygtede fra Sicilien som følge af mafia-krigen, heriblandt Antonino Calderone, der blev den næste 'store' pentito. Han var flygtet til Frankrig i 1983, hvor han i 1987 blev anholdt og udleveret. Ellers hang tilgangen af pentiti sammen med interne konflikter i mafiaen, der tvang taberne til at samarbejde med myndighederne for derigennem at ramme deres fjender.

De første pentiti fra den vindende side, corleoneserne, kom med den for Cosa Nostra uheldige udgang på maxi-processen. Mange mafiosi, heraf mange idømte lange straffe i maxi-processen, er begyndt at samarbejde siden 1992, specielt efter mordene på Falcone og Borsellino, der nærmest betød åben krig mellem Cosa Nostra og staten. En af de nyeste vigtige pentiti er Salvatore Cancemi, der som medlem af *La Cupola* er den højst placerede mafioso, der nogensinde har 'angret'. Han har gradvist samarbejdet mere og mere siden 1993, men hans udsagn er endnu kun offentliggjort i fragmenter.

Beretningerne fra pentiti'ene er nok de vigtigste af alle, da de er de eneste kilder til mafiaens indre virkemåde og dynamik, men de er også de mest problematiske overhovedet. Der er talrige problemer omkring pentiti'enes beretninger, både som historiske kilder og som juridisk bevismateriale.

Det første, grundlæggende problem er at verificere, at pentito'en ikke er plantet, det vil sige falsk. Dette lader kun

Tommaso Buscetta voksede op i 1950'ernes Palermo. Mafiaen var en naturlig del af hans miljø, men efter optagelsen gjorde han sig snart bemærket ved sin egenrådighed. Han forlod Sicilien og boede i Argentina og Brasilien i flere perioder, han var gift flere gange og dyrkede gerne venskaber uden for mafiaens kreds. Mafia-krigen tvang i 1981 Buscetta til at flygte fra Sicilien, men han blev anholdt i Brasilien og udvist til Italien, hvor han valgte at samarbejde med myndighederne.
Foto: Labruzzo/Giacomino Foto.

til at være sket en enkelt gang, i 1989, men det blev hurtigt afsløret.[11] Der er dog en udbredt frygt for, at det skal ske igen, som et forsøg på at diskreditere andre pentiti og undergrave deres troværdighed, for derigennem at mindske den skade, de forvolder. Undersøgelsesdommerne, der afhører pentiti'ene, forsøger at undgå dette ved at forlange, at pentito'ens beretning skal indeholde præcise og kontrollerbare tilståelser af pentito'ens egne forbrydelser. Dette vil bringe en falsk pentito i alvorlige vanskeligheder, når eller hvis han bliver afsløret.

Det næste problem er troværdigheden af de enkelte, specifikke oplysninger, pentito'en fremkommer med. I mange tilfælde kan beretningernes oplysninger kontrolleres direkte, hvis de for eksempel omhandler forbrydelser, der er optaget politirapporter på (opdagede mord, for eksempel). I andre tilfælde er beretningerne samstemmende med andre, uafhængige pentitis beretninger, hvilket er blevet betragtet som godt nok af undersøgelsesdommerne i Palermo, og som er blevet godkendt af kassationsdomstolen i januar 1992. Kriterierne fremgår klart af følgende uddrag fra introduktionen af pentito'en Baldassare Di Maggio i et anklageskrift:

> Di Maggios samarbejde kan uden videre regnes for pålideligt, både fordi hans udtalelser allerede har fundet positive bekræftelser i kontroller fra tidligere gennemførte retssager samt fra udtalelser fra andre samarbejdende, og fordi han ikke har tøvet med fuldt ud at tilstå talrige, særdeles alvorlige kriminelle handlinger, i hvilke han har deltaget personligt, og blandt disse adskillige mord, for hvilke han hidtil end ikke havde været mistænkt.[12]

---

[11] Luciano Violante, (red.), *Relazione sui rapporti tra mafia e politica*, Doc. XXIII, n. 2 (XI legislatura), Commissione parlamentare d'inchiesta sul fenomeno della mafia e sulle altre associazioni criminali similari, Senato della Repubblica, Roma, 1993, s. 21n11.

[12] *Dossier Andreotti. Il testo completo delle accuse dei giudici di Palermo*, Mondadori, Milano, 1993, s. 18.

Baseres kontrollen på samstemmen med andre pentiti's beretninger, er problemet at dokumentere eller i det mindste sandsynliggøre, at pentiti'ene er indbyrdes uafhængige.

Så er der problemet med de mere generelle udsagn, som nogle pentiti er kommet med, for eksempel om mafiaens organisatoriske struktur og kompetencefordelingen heri, eller om medlemmers indbyrdes forhold. Den type oplysninger hænger ikke sammen med nogle specifikke forbrydelser eller begivenheder, og kan derfor være svære at kontrollere. Ofte må man her nøjes med at sikre sig, at flere pentiti siger det samme. Hvad stiller man for eksempel op med et udsagn om, at en pentito engang har hørt, at den sicilianske politiker Salvo Limas far var mafioso? Det kan ikke kontrolleres, men det kan være vigtigt for at forstå Limas forhold til mafiaen.

Det vigtigste af disse generelle udsagn er det såkaldte 'Buscettas teorem'. Ifølge Buscettas teorem skal alle beslutninger, der kan påvirke hele organisationens fremtid, tages af *La Cupola*. Specielt gælder dette for mord på fremtrædende repræsentanter for staten. Betydningen af Buscettas teorem var stor for medlemmerne af mafiaens øverste ledelse, da de med et slag blev gjort personligt ansvarlige for adskillige, meget alvorlige mord. Spørgsmålet om gyldigheden af Buscettas teorem var et af hovedpunkterne i maxi-processen.

Brugen af pentiti i kampen mod mafiaen har været udsat for en voldsom kritik fra mange sider. Undersøgelsesdommerne er ofte blevet anklaget for at manipulere og dirigere pentiti'ene for at fremme politiske eller karrieremæssige ambitioner, og pentiti'enes troværdighed er blevet draget i tvivl ud fra den betragtning, at det drejer sig om forrædere, som man ikke kan stole på, eller at pentiti'ene vil finde på hvad som helst for at ramme deres fjender i mafiaen eller redde deres eget skind. Motiverne bag disse anklager er ikke altid de fineste, men anklagerne har en vigtig funktion i en kildemæssig sammenhæng. Modstanden og anklagerne mod brugen af pentiti i kampen mod mafiaen har tvunget dommerne til at være særdeles omhyggelige med at kontrollere hvert enkelt udsagn. En tabt retssag, baseret på uholdbare udsagn fra en pentito, ville ikke blot være en tabt retssag. Det ville også være et voldsomt prestigetab for den undersøgelsesdommer, der har ført sagen til retten, og det ville være et stort tilbageslag for brugen af pentiti i kampen mod mafiaen, og dermed også for kampen mod mafiaen.

Pentiti har, siden dommerne begyndte at bruge deres udsagn i starten af 1980'erne, betydet meget for kampen mod mafiaen, og de er blevet brugt med stor succes. Maxiprocessen var den vigtigste af disse processer, men hundreder af mafiosi og senere pentiti er blevet fanget og dømt med hjælp fra pentiti, hvis udsagn har kunnet lede politiet på sporet af både personerne og bevismaterialet. Dette var for eksempel tilfældet med Totò Riina, der blev anholdt den 15. januar 1993. Han havde da været eftersøgt i 23 år, men blev fanget en uge efter, at hans tidligere chauffør, Baldassare Di Maggio, blev anholdt og havde valgt at snakke.

Juridisk set har pentito'en slået sig fast. I dag har flere hundrede mafiosi, dog ikke alle fra Sicilien, valgt at forlade mafiaen og samarbejde med myndighederne. Beskyttelse og behandlingen af pentiti'ene har gjort store fremskridt.

En pentito's udsagn kan ikke vurderes alene ud fra, om det anerkendes eller underkendes i en retssag. Dertil er der i Italien set for mange retssager med påfaldende domme. Hver enkelt pentito's troværdighed må vurderes for sig, og ligeså må hvert enkelt udsagn. Man må i forbindelse hermed gøre sig klart, hvilken rolle pentito'en har haft i mafiaen før sin udtræden, forholdene omkring hans udtræden af mafiaen, indledningen af samarbejdet med myndighederne samt værdien og troværdigheden af pentito'ens hidtidige udsagn. Hver enkelt pentito oparbejder efterhånden en vis grad af personlig prestige og troværdighed, efterhånden som hans udsagn får en praktisk betydning. For eksempel har det styrket Di Maggios troværdighed generelt, at han har bidraget til anholdelsen af Totò Riina, og hans senere udsagn bliver naturligt set i dette lys. Mange pentiti er selv meget opmærksomme på betydningen af deres personlige troværdighed, når deres udsagn skal vurderes. Det er sket mere end en gang, at en pentito har nægtet at besvare et spørgsmål med den begrundelse, at han ikke mente, at tiden var moden til sådanne afsløringer og at han ikke ville blive troet. Specielt når talen er faldet på mafiaens forbindelser til magtfulde politikere, har talelysten indtil for ganske kort tid siden været lille. Dette skal også ses i forhold til pentito'ens absolutte afhængighed af den beskyttelse, som staten giver ham.

Disse overvejelser er ikke meget forskellige fra forundersøgelsesdommernes, når de sidder foran en pentito. Deres redegørelser for, hvorfor de har valgt at tro en given pentito, fremgår af deres rapporter og anklageskrifter. Disse redegørelser er naturligvis vigtige for vores vurdering af en pentito's udsagn.

Sidste problem omkring pentiti's beretninger er tilgængeligheden heraf. Deres udsagn er sjældent tilgængelige i deres helhed, men kommer frem i uddrag i forundersøgelsesrapporterne og anklageskrifterne, gennem afhøringer under retshandlinger, gennem antimafia-kommissionernes arbejde, eller, sjældnere, gennem interviews til pressen eller forskere. Dette sidste er sket med de to meget vigtige pentiti Tommaso Buscetta og Antonino Calderone.[13]

Trods berettiget skepsis i almindelighed er der ingen tvivl om betydningen af pentiti'ene. De har skabt en breche i den mur af tavshed, der omgiver mafiaen og dens virke; en breche, der tillader os at se ind bag muren. Vi kan ikke se alt, og

[13]Med Tommaso Buscetta findes Enzo Biagi, *Il boss è solo*, Mondadori, Milano, 1986, og den nyere Pino Arlacchi, *Addio Cosa Nostra. La vita di Tommaso Buscetta*, Rizzoli, Milano, 1994. Antonino Calderones livshistorie findes i Pino Arlacchi, *Gli uomini del disonore. La mafia siciliana nella vita del grande pentito Antonino Calderone*, Mondadori, Milano, 1992.

vi kan ikke vide, om det vi ser, er repræsentativt, men vil vi forstå, hvad der befinder sig bag muren, kan vi ikke tillade os at ignorere denne breche. Der er ikke andre muligheder for at kigge direkte om bag muren.

Andre kildegrupper

Blandt andre kilder til mafiaens virke bør nævnes erindringsværker, materiale fra græsrodsbevægelser, forskellige politiske skrifter og oplysninger fra medierne.

Erindringer fra folk, der selv på en eller anden måde har været i berøring med mafiaen, findes i stort tal, oftest i form af selvbiografier eller interviews. De omhandler normalt personligt oplevede hændelser. Mange dommere og andre aktive i kampen mod mafiaen har skrevet bøger om deres arbejde, med oplysning om fænomenet og efterforskningsforholdene for øje. Ofte er formålet at dokumentere deres resultater og metoder over for offentligheden og gøre opmærksom på, at de bliver modarbejdet af kolleger eller overordnede, eller at de ikke bliver støttet af systemet.

Flere ofre og slægtninge til ofre for mafiaen har beskrevet oplevelserne omkring deres ufrivillige kontakt med mafiaen. Ofte skriver de ud fra et ønske om, at andre ikke skal opleve det, som de har været igennem, og forfatterne betragter deres vidnesbyrd som deres bidrag til kampen mod mafiaen.

Der findes et meget stort antal græsrodsbevægelser, som deltager i kampen mod mafiaen på næsten alle niveauer. Det er græsrodsbevægelser med varierende politiske, sociale og ideologiske baggrunde.

Flere uafhængige dokumentationscentre beskæftiger sig med at indsamle og systematisere materiale om mafiaen og dens venner. Disse centre indsamler og udgiver forskellige rapporter og skrifter om, hvad der passer dem. Der findes blandt andet *Centro Siciliano di Documentazione "Giuseppe Impastato"*, der er opkaldt efter en ung venstrefløjsaktivist, der blev myrdet af mafiaen. Centret har udarbejdet og udgiver meget materiale, og det har opbygget et bibliotek om mafiaen i Palermo.

Efter mordet på Giovanni Falcone og hans kone er oprettet *Fondazione Giovanni e Francesca Falcone*, der skal værne om deres minde og oplyse om mafiaen og kampen mod den. Ligeledes findes en organisation af kvinder mod mafiaen: *L'associazione donne siciliane per la lotta contro la mafia*. Initiativtagerne findes blandt enkerne og de efterladte efter mafiaens ofre.

Efter at have været lykkeligt fri for mafiaen i mange år, stod de forretningsdrivende i den lille by Capo d'Orlando på Siciliens nordkyst pludselig over for systematiske afpresningsforsøg, men stik mod traditionerne valgte de at lave en sammenslutning og bekæmpe byens mafia kollektivt. Det lykkedes, afpresserne blev anholdt og dømt, og de handlende i Capo d'Orlando arbejder nu aktivt for at sprede idéen om at bekæmpe mafiaens afpresning kollektivt.[14]

Adskillige forfattere har udgivet bøger om mafiaen, der hverken er videnskabelige eller formidlende, men politiske i deres sigte. Den første er nok Michele Pantaleone, der siden 1960'erne har skrevet dusinvis af bøger om mafiaen. Ellers har de fleste af dem forbindelser til PCI/PDS eller antimafiapartiet *La Rete*, der ledes af den i 1993 genvalgte borgmester i Palermo Leoluca Orlando. Blandt disse forfattere finder vi Alfredo Galasso, tidligere deputeret for PDS og *La Rete*, tidligere medlem af antimafia-kommissionen, advokat for de civile søgsmål ved maxi-processen og for de efterladte efter nedskydningen af et italiensk passagerfly ved Ustica i 1980.

---

[14] Tano Grasso, *Contro il racket. Come opporsi al ricatto mafioso*, Laterza, Roma-Bari, 1992.

I *La Rete* finder vi også Nando dalla Chiesa, sociolog, søn af general dalla Chiesa, ledende personlighed i *La Rete*, og dets borgmesterkandidat i Milano ved kommunalvalget i 1992. Siden mordet på faderen har han skrevet flere klart politiske værker i modsætning til tidligere, hvor han havde en mindre subjektiv vinkel til emnet.

Disse folk bruger mafiaen i en politisk kamp mod den gamle politiske elite og dens dominerende fraktioner i DC og PSI. Kildemæssigt er der ikke meget at hente her, men ofte kan deres analyser og sammenstilling af udsagn og begivenheder være meget inspirerende.

Aviser og tidsskrifter dækker naturligvis mafia-problematikken, da det er et væsentligt samfundsproblem i vore dages Italien. Materialet har et aktuelt præg, det dækker mest de nyeste udviklinger og sjældent baggrunden. Troværdigheden af journalistisk materiale kan være svær at afgøre, da der ofte bygges på kilder, som holdes hemmelige, og formen kan også give problemer. Mange journalister liver for eksempel deres artikler op med direkte citater, som de umuligt kan kende noget til. Ligeledes er meget af materialet udarbejdet under stort tidspres, og kan derfor indeholde faktuelle fejl.

Trods alle problemerne kan materialet være vigtigt. Det kan for eksempel være interviews med centrale personer og oplysninger fra myndighederne, der er lækket, og som derfor ikke er tilgængelige ad andre kanaler. Store dele af den italienske presse har et meget højt niveau, og opfører sig meget uafhængigt, trods det faktum at næsten hele den nationale presse er ejet af ganske få af erhvervslivets mastodonter.

Specielt nyttige til orientering er de italienske politiske magasiner, hvoraf de vigtigste er *L'Espresso*, *Panorama* og *Avvenimenti*. I perioder finder man her en meget intensiv dækning af udviklingen, ofte interviews med centrale personer og grundige baggrundsreportager, skrevet af journalister med et mangeårigt kendskab til emnet. For de sidste års udvikling skal politifolks, dommeres og forskeres meninger og vurderinger findes i pressen, specielt i de politiske tidsskrifter. Ikke sjældent kommer disse blade med tillæg, indeholdende centrale dokumenter i uddrag eller i deres helhed.

Der er og har været et antal antimafia-tidsskrifter, udgivet af idealistiske journalister eller græsrodsorganisationer. Det mest kendte af disse er *I Siciliani* (Sicilianerne), der i årene 1981-84 blev udgivet i Catania af journalisten Giuseppe Fava. Bladet beskrev alt det, den øvrige presse ikke ville skrive om, herunder sammenspistheden mellem de politiske kredse, ledende finanskredse og den lokale mafia. Fava skaffede sig efterhånden mange fjender, og i 1984 blev han skudt ned på åben gade i Catania. Efter al sandsynlighed stod mafiaen bag, men officielt er mordet aldrig blev opklaret. I 1992 begyndte Giuseppe Favas søn, Claudio Fava, at udgive bladet igen under titlen *I Siciliani Nuovi*.

Segno er navnet på et katolsk, men ikke kirkeligt tidsskrift, der udgives af en gruppe præster i Palermo. Det er egentlig et teologisk tidsskrift, men store dele af indholdet handler om mafiaen. Tidsskriftet er udkommet siden 1975, indtil nu med omkring 150 numre.

Her bør også nævnes den omfattende litterære produktion om mafiaen. Som fiktion har den ingen relevans for vor problemstilling, men den vidner om en tidlig indsigt i mafiaens natur. Således skrev Leonardo Sciascia allerede i starten af 1960'erne flere bøger om mafiaen og myndighedernes sameksistens, blandt andet „Uglens dag" fra 1961 og senere „En simpel historie". Sciascia satte dog meget af sin prestige over styr, da han i 1987 i pressen angreb undersøgelsesdommerne i Palermo hårdt for at være 'professionelle anti-mafiosi', der mere bekæmpede mafiaen for egen vindings skyld end af pligt eller samfundssind.

Hovedtræk af litteraturen

Videnskabelige fremstillinger om den moderne mafia er forbavsende få. Fokus har været lagt på den tidligere agrarmafia, mindre på bymafiaen, der oftest blot er blevet opfattet som almindeligt gangstervæsen. En årsag kan være, at mafiaen og dens forskellige forbindelser altid har været et varmt emne, politisk set, som kun få italienske forskere derfor har ønsket at røre ved. Risikoen er næppe fysisk, da forskernes muligheder for at true enkelte mafiosi's position er begrænset. Der ligger snarere karrieremæssige årsager bag, idet for grundige studier af mafiaen kan genere magtfulde politiske kredse, og de fleste af universiteterne i Italien er statslige. Det meste af forskningen i den moderne mafia er foretaget af sociologer og antropologer, med henblik på at forstå de økonomiske, sociale, politiske og kulturelle årsager til fænomenet. Historikere er med enkelte undtagelser fraværende, da samtidshistorie fagligt set står svagt i Italien.

De første vigtige studier af mafiaen gennemførtes i løbet af 1960'erne af Henner Hess, Anton Blok, samt Jane og Peter Schneider. Det var alle antropologiske feltstudier fra landområderne, og de fokuserede meget på værdigrundlaget og den socio-økonomiske baggrund for den tidlige agrarmafia.

Der findes stort set ingen italienske studier før 1976, da Nando dalla Chiesa udgav et værk, der gennem en marxistisk klasseanalyse imødegik den såkaldte *sicilianisme*. Det er en ideologi, der opfatter mafiaen som legitimt selvforsvar mod norditaliensk dominans inden for enhedsstaten Italien.

Sidst i 1970'erne skete der en dobbelt udvikling. Der kom en øget interesse for klientelismen i det italienske politiske system, og det førte til flere analyser af klientelismen i Syditalien og mafiaens rolle i forbindelse hermed. Eksempler herpå er Judith Chubb, der arbejdede med Palermo og Napoli, og Mario Caciagli, der beskæftigede sig med Catania, James Walston i Calabrien og Gabriella Gribaudi.

I samme periode blev man også opmærksom på mafiaens forretningsaktiviteter og forstod, at mafiaen ikke blot var en arkaisk overlevering fra tidligere tider. Sociologen Pino Arlacchi, der er en af de mest fremtrædende mafiaforskere, har siden midten af 1970'erne forsket i mafiaen, både som land- og som byfænomen. Arlacchis arbejder omkring den såkaldte forretningsmafia har været en væsentlig del af grundlaget for La Torre-Rognoni loven, og han har i perioden 1984–86 været konsulent for parlamentets antimafia-kommission, og sidst medvirket ved udarbejdelsen af lovgrundlaget bag DIA, *Direzione Investigativa Antimafia*. Arlacchis arbejde om mafiaens forretninger er blevet fulgt op af flere, for eksempel Umberto Santino, der leder *Centro Siciliano di Documentazione „Giuseppe Impastato"*, sociologen Raimondo Catanzaro fra universitetet i Catania, og Mario Centorrino fra universitetet i Messina.

Den seneste udvikling, nemlig erkendelsen af, at mafiaens politiske forbindelser strækker sig meget længere end blot til korrupte lokalpolitikere, har endnu ikke ført til væsentlige videnskabelige udgivelser. Emnet er langt fra tilstrækkeligt belyst. De værker, der trods alt er skrevet, kan ikke undgå at tage politisk stilling, og de må derfor betragtes som politiske skrifter.

Kildernes tidsmæssige fordeling

Den tidsmæssige fordeling af kilderne volder en del problemer, specielt for den første del af perioden. Naturligt nok vokser mængden af materiale sammen med erkendelsen af, at mafiaen er et alvorligt samfundsproblem, og måske også sammen med, at mafiaen *bliver* et alvorligt problem.

Indtil antimafia-kommissionen i starten af 1970'erne begyndte at udgive store mængder materiale, var de væsentligste kilder politirapporter og retsdokumenter, i nogen tilfælde samlet sammen til rapporter om specifikke problemstillinger, som for eksempel præfekten Francesco Bevivinos undersøgelse af byggespekulationen i Palermo i starten af 1960'erne.[15]

Efterforskningsmaterialet blev fra sidst i 1960'erne suppleret af antimafia-kommissionens arbejde, der dog ofte byggede på det samme materiale. Senere indsamlede den første antimafia-kommission store mængder oplysninger gennem høringer af en bred kreds af personer (politifolk, dommere, embedsmænd, politikere mm.), men den ophørte som nævnt i 1976 for først at blive gendannet i 1988.

Offentlighedens interesse for mafia-problematikken blev skærpet i løbet af 1980'erne, primært som følge af mafiaens systematiske elimination af de af statens repræsentanter, der ikke lod mafiaen være i fred, og den blodige mafia-krig i årene 1981–83. Omfanget af litteraturen nærmest eksploderede, indtil der alene i 1992 udkom over 700 værker om mafiaen i Italien. De fleste omhandlede dog de daværende aktuelle problemer og kun i begrænset omfang de tidligere perioder.

Pentiti'enes beretninger må også betragtes som en følge af mafia-stridighederne i 1980'erne, men der er dog enkelte pentiti, der har haft fremtrædende positioner i mafiaen, og som har været med siden 1950'erne. Således kan både Buscetta og Calderone, der begge trådte ind i mafiaen meget tidligt, berette om mange tidlige begivenheder i mafiaen, ofte dog kun på anden hånd.

---

[15]Francesco Bevivino, *Relazione della commissione ispettiva nominata con decreto del presidente della regione siciliana n. 25719 del 15 novembre 1963, integrata con decreto n. 0212 del 21 gennaio 1964, per una ispezione straordinaria presso il comune di Palermo*, Palermo, 13. februar 1964, genoptrykt i Luigi Carraro, (red.), *Documentazione allegata alla relazione conclusiva*, Doc. XXIII, n. 1 (VIII legislatura), vol. IV, tomo VI, Commissione parlamentare d'inchiesta sul fenomeno della mafia in Sicilia, Senato della Repubblica, Roma, 1979, ss. 9–103.

Blodsudgydelserne i 1980'erne førte til en vækst i alle kategorier: efterforskningsmateriale, aktørberetninger samt videnskabelige og populære fremstillinger. Perioden fra midten af 1970'erne er derfor ganske godt dækket ind, mens det tilgængelige kildemateriale om perioden forud er væsentligt mere sparsomt.

Muligheden for at lave kvantitative vurderinger

Fælles for stort set alle kilderne er, at de omhandler enkelte eller ganske få sager ad gangen, typisk centreret omkring en enkelt person eller en enkelt begivenhed. Der er stort set ingen muligheder for at lave præcise kvantitative vurderinger af mafiaens indflydelse, det være sig politisk, økonomisk eller på anden vis. Specielt for de tidligere perioder, hvor kildematerialet er tyndt, er problemet stort.

For at lave statistik skal datamaterialet være repræsentativt, men netop mafiaens karakter af hemmelig sammenslutning forhindrer os i at vide, om det materiale vi har, nu også er repræsentativt. Det nærmeste man kan komme, er forskellige indirekte indikatorer som for eksempel antallet af byggetilladelser udstedt til stråmænd eller et misforhold mellem byggeaktivitet og byggekredit i en periode. Det er som sagt indirekte indikatorer, der i sig selv ikke beviser noget, men som måske kan sige noget om problemets størrelsesorden, når der først er dokumenteret et vist mønster i begivenhederne.

Mulighederne for at foretage kvantitative vurderinger af omfanget af mafiaens indflydelse og aktiviteter er begrænsede til ganske usikre skøn af problemernes størrelsesorden. Det er utilfredsstillende, men kildematerialet tillader ikke mere.

Hvem er mafioso?

Et særdeles væsentligt problem er, hvordan kilderne tillader os at afgøre, hvem der er mafioso og hvem der ikke er det. Let er det selvsagt ikke, for havde det været let, havde mafiaen været elimineret for længe siden.

Formelt set er en mafioso en person, der har aflagt optagelseseden over for en mafia-familie. Det er en dejlig simpel definition, men desværre kan den ikke anvendes i praksis, da kun de personer, der definitivt har brudt med mafiaen, kan forventes at indrømme tilhørsforholdet til mafiaen. Resten vil kategorisk nægte ethvert kendskab til mafiaen, ud over hvad de har set i fjernsynet, og der gives ingen andre pålidelige måder at afgøre tilhørsforholdet på.

Den første antimafia-kommission, der jo ikke havde nogen juridisk definition af mafiaen at støtte sig til, brugte et dobbelt sæt kriterier. På den ene side gik kommissionen ud fra lov 1435/56 om præventive foranstaltninger mod personer, der udgjorde en trussel mod den offentlige sikkerhed, og lov 575/65 om præventive foranstaltninger mod mistænkte mafiosi, til at identificere mafiosi, hvilket i praksis vil sige, at kommissionen benyttede politiets rapporter og vurderinger af de pågældende personer.

På den anden side opererede kommissionen med folk, der udviste en 'udpræget mafiøs adfærd', og som var beslægtede med eller omgikkes kendte mafiosi. De bliver ikke betegnet 'mafiosi', sandsynligvis af juridiske hensyn, men de bliver behandlet på ganske samme måde som mafiosi. Med en 'udpræget mafiøs adfærd' mentes blandt andet brug af vold eller trusler mod konkurrenter eller andre generende personer samt komplet tavshed, *omertà*, over for myndighederne, selv i situationer hvor de var ofre for mafia-forbrydelser. Også på dette punkt byggede antimafia-kommissionen primært på politirapporter.

Grundlæggende handler disse kriterier om folks adfærd,

Prisen for at 'angre' kan være meget høj, ikke kun for mafioso'en selv. Da Francesco Marino Mannoia valgte at samarbejde, faldt Cosa Nostras straf prompte: de myrdede hans mor, hans søster og en tante. Ingen af dem havde det mindste med mafiaen at gøre. Mannoia lod sig ikke intimidere og fortsatte samarbejdet med myndighederne. Bag den åbne bildør ses antimafia-dommeren Giovanni Falcone.

Foto: Labruzzo/Giacomino Foto.

deres måde at opføre sig på i bestemte situationer, svarende til den tidligere givne definition af mafiaen som en subkultur med bestemte regler for adfærd, først og fremmest *omertà*. De eneste kilder, vi har til det i de første årtier, er netop politirapporterne.

For de sidste årtier kommer pentiti'ene os til hjælp. En af deres væsentlige opgaver er netop at udpege mafiosi'ene for myndighederne, og deres muligheder for at gøre det er optimale, da de jo netop har tilhørt mafiaen selv og kender miljøet og personkredsen.

For at undgå usikkerhed vil der, hver gang en ny person bringes ind i diskussionen, blive gjort rede for personens tilhørsforhold eller relation til mafiaen eller Cosa Nostra. I praksis må det bygge på politirapporternes oplysninger om personens adfærd og omgangskreds, som regel gennem anti-mafia-kommissionens betænkninger samt på oplysninger fra pentiti, i det omfang de vurderes som troværdige.

Opsummering

Mafiaen er en hemmelig og ulovlig sammenslutning, og som sådan ikke direkte tilgængelig for undersøgelse. Mafiaen selv har ingen interesse i at blive undersøgt og har udviklet en ideologi, der fordømmer enhver mafia-relateret person, der snakker om mafiaen.

Stort set alle de typer materiale, der er gennemgået, er på den ene eller anden måde vendt mod mafiaen, med undtagelse af apologetiske skrifter, der forsøger at bortforklare fænomenet. De er dog ganske få, da de færreste udenforstående vil stille sig frem og forsvare mafiaen, og da det ligger i mafiaens natur, at dens medlemmer ikke selv gør det. Derfor er der en generel tendens i alt materiale om mafiaen, der ikke må ignoreres. Der er altid en risiko for, at nogle forsøger at skyde noget i skoene på mafiaen, for at dække over andre, mindre kendte samfundsfjender, det være sig højre- eller venstrefløjsterrorister, efterretningstjenester på 'afveje' eller andre skjulte subversive kræfter.

De problemer, der er ved at arbejde med kilderne til mafiaens gøren og laden, er principielt de samme som for studiet af enhver anden hemmelig organisation. Oplysningerne er fragmentariske, der er kun få muligheder for at skaffe oplysninger om organisationens indre forhold og rationalitet, og ofte foreligger der ingen muligheder for at kontrollere de oplysninger, der trods alt er til rådighed. I så fald tvinges vi til at bruge, hvad vi har, men må naturligvis gøre det med synlige og præcise forbehold.

Pentiti'enes beretninger er det vigtigste middel til at forbinde de mange fragmenter. De resultater af mafiaens handlinger, der umiddelbart kan observeres, kan sjældent bruges til meget uden den fortolkningsnøgle, som pentiti'ene giver os. I modsætning til mange andre grupper forsøger mafiaen aldrig at forklare sig, at påtage sig ansvaret for dette eller hint eller at udsende hensigtserklæringer. De skyder først og forsvinder bagefter, og ofte er det kun gennem pentiti'ene, vi kan få de oplysninger om de indre forhold i mafiaen, der skal til for at forstå baggrunden for handlingerne.

Efter pentiti'ene er antimafia-kommissionernes betænkninger det vigtigste materiale til at forbinde de mange fragmenter. Kommissionerne har igennem tiden lagt et særdeles stort arbejde i at indsamle, analysere og offentliggøre materiale fra utallige kilder, der ellers ville være utilgængelige, og kommissionernes rapporter er ofte sande guldgruber af informationer om stort set alle aspekter af mafia-problematikken. Kommissionerne er det sted, hvor alle informationerne samles og systematiseres, og det er derfor ikke noget tilfælde, at kommissionernes rapporter er de absolut oftest citerede i mafia-litteraturen.

Kapitel 5

Mafia, byggeboom og bystyret i Palermo

Som det er blevet vist i kapitel 3, udgør byggesektoren en uforholdsmæssig stor del af den sicilianske økonomi. Dette kapitel gennemgår den periode, hvor byggesektoren for alvor voksede, fra midten af 1950'erne og cirka ti år frem. Det var i denne periode mafiaen etablerede sin kontrol over byggebranchen, både ved hjælp af mafia-kontrollerede virksomheder og ved hjælp af vold og trusler mod andre virksomheder. Den samme periode så også mafiaen knytte stadig tættere forbindelser til de dominerende lokalpolitikere, hvorved den fik en vis indflydelse på lokalstyret.

I 1976 afgav den første antimafia-kommission afsluttende betænkning. Den indeholdte et detaljeret portræt af politikeren Vito Ciancimino, der spillede en fremtrædende rolle i Palermos bystyre fra 1956 indtil 1984. Her findes mange oplysninger om den politiske udvikling i Palermo i 1950'erne og 1960'erne, og om Cianciminos engagement i og betydning for byggespekulationen. De kommunistiske medlemmer af kommissionen, med Pio La Torre i spidsen, var utilfredse med Carraros modvilje mod at placere det politiske ansvar for byggespekulationen og dens følger, og de fremlagde i en mindretalsbetænkning oplysninger, der var blevet undertrykt i flertallets betænkning.[1]

Landet og byerne efter krigen

Som beskrevet tidligere var landbruget den vigtigste del af økonomien umiddelbart efter krigen, og hovedparten af befolkningen boede på landet. Infrastrukturen på landet var meget ringe, da ingen havde haft nogen interesse i at bringe de indre dele af øen i bedre forbindelse med omverdenen. Tværtimod havde *gabellotti'*ene ofte et monopol på at transportere produkterne ned til kysten, da de var nogle af de få personer, der kunne bevæge sig rimeligt frit i øens indre.

Cassa per il Mezzogiorno investerede i perioden 1950-1957 størsteparten af sine midler i infrastruktur i landdistrikterne, og der blev bygget veje, broer, dæmninger og akvædukter til kunstvanding. Det skabte den første splid i mafiaen, mellem de traditionelle og en mere moderne del, der ønskede at tage del i de nye aktiviteter og bruge dem til egen fordel. De sidste vandt. De havde gode forbindelser til byerne, og tjente ofte penge på at transportere byggematerialer til projekterne i landdistrikterne. Mafiaen fik sine første erfaringer i byggesektoren her.

---

[1] Portrættet af Vito Ciancimino er fra Luigi Carraro, (red.), *Relazione Conclusiva*, Doc. XXIII, n. 2 (VI legislatura), Commissione parlamentare d'inchiesta sul fenomeno della mafia in Sicilia, Senato della Repubblica, Roma, 1976, ss. 214-37, genoptrykt i Tranfaglia, *Mafia, politica e affari* cit., ss. 72-108 (kapitel V). Pio La Torre, (red.), *Relazione di minoranza*, Doc. XXIII, n. 2 (VI legislatura), Commissione parlamentare d'inchiesta sul fenomeno della mafia in Sicilia, Senato della Repubblica, Roma, 1976, ss. 569-611, er kommunisternes mindretalsbetænkning, der er genoptrykt i Tranfaglia, *Mafia, politica e affari* cit., ss. 152-202 (kapitel IX). Meget af dette materiale findes på dansk i Søndergaard, *Den sicilianske mafia* cit., bd. 3, ss. 63ff.

I perioden efter krigen ændrede byerne karakter, igen mest udtalt i hovedstaden Palermo. Afvandringen fra landbruget fik byerne til at svulme, samtidig med at den eksisterende boligmasse var forfalden og skadet af krigen.

Palermo havde været øens hovedstad indtil Italiens samling i 1860, men havde derefter oplevet en periode med nedgang og forfald, og ved krigens udgang var byen ikke meget større end i 1860. Byens centrum, *il centro storico*, bestod af fire gamle kvarterer, hvor den gamle adels palæer lå spredt mellem underklassens usle boliger. Nord og vest herfor fandtes nyere kvarterer fra slutningen af forrige århundrede med boliger for de mere velstående, og uden om dette gav byen plads for opdyrkede marker og frugthaver.

Efter 1946 blev Palermo igen øens hovedstad, og regionalregeringens tilstedeværelse skabte arbejdspladser, og fik derfor mange, typisk veluddannede personer til at søge til byen. Omfattende allierede bombardementer under invasionen i 1943 havde forårsaget store ødelæggelser i Palermo, specielt i de gamle kvarterer nærmest havnen, og et stort genopbygningsarbejde forestod. Den store tilvandring til byerne, specielt efter landreformen af 1950, øgede også behovet for boliger. Mange af tilflytterne var fattige jordløse daglejere, der slog sig ned i det forfaldne og sønderbombede *centro storico*.[2]

Palermos gamle centrum ligger på en østvendt kyst, og bag byen strækker *Conca d'Oro*, Den Gyldne Dal, sig ind mellem bjergene. De dele af dalen, der ligger syd og vest for centrum tilhørte for det meste småbønder og frugtavlere, mens jorden mod nord og nordvest tilhørte nogle godsejere. Byen er vokset i alle retninger, men mest mod nordvest. De mange små landsbyer i Conca d'Oro, de såkaldte *borgate* (ental: *borgata*), havde hver deres lokale mafia-familie, og efter at landsbyerne gradvist er blevet opslugt af byen, har

---

[2]Chubb, *Patronage* cit., ss. 128–9.

disse mafia-familier udgjort rygraden af mafiaen i Palermo. Her findes en del af grunden til, at Palermo har så mange mafia-familier (over 60), mens andre byer kun har en eller to.

Godsejernes spekulationer i 1950'erne

Det første bystyre i Palermo efter krigen, i årene 1946–1952, var domineret af monarkisterne og qualunquisterne (fra partiet *L'Uomo Qualunque*), der begge primært varetog godsejernes interesser. Først i 1952 kom DC til magten i Palermo, men også det parti var på daværende tidspunkt regionalt domineret af godsejerne og deres interesser.

Palermos befolkningstal mere end fordobledes som følge af afvandringen fra landbruget, og der var brug for mange billige boliger. I samme periode søgte byens over- og middelklasse væk fra det gamle centrum, for at finde bedre forhold i nyere huse. Borgmester Gioacchino Scaduto, der var advokat og nært knyttet til bestemte godsejerkredse, gennemførte en ekspansion af byen mod nordvest over jorde, der tilhørte adskillige godsejerfamilier samt ikke mindst *Società Generale Immobiliare*, der kontrolleres af Vatikanet.

En af de første sager var den om Villa Sperlinga, der var en stor privat park lige uden for byen. I genopbygningsplanen fra 1947, *Piano di Ricostruzione*, var området udlagt til offentlig park, men Scaduto lavede en aftale med ejerne om, at 60.000 m^2 skulle udlægges til privat byggeri og kun 18.000 m^2 til offentlig park. Da aftalen mødte modstand i byrådet, hvor flertallet ville have hele arealet udlagt til park, meddelte Scaduto på et møde, at al modstand var nytteløs, da man havde opdaget, at parken var ødelagt. 'Ukendte vandaler' havde fældet alle træerne. Herefter kunne aftalen gennemføres og arealet bebygges.

I samarbejde med *Società Generale Immobiliare* og det offentlige sociale boligselskab IACP spekulerede Scaduto i placering af socialt boligbyggeri på billige grunde langt fra byens centrum. Kommunen måtte nødvendigvis forsyne de mellemliggende områder med den grundlæggende infrastruktur til bebyggelse, hvorved de steg voldsomt i værdi. Disse spekulationer var blot begyndelsen til den udnyttelse af byens voldsomme vækst, der fandt sted i de næste ti år.[3]

Betydningen af de unge tyrkeres magtovertagelse

De unge tyrkere overtog magten i Palermo i 1956, og revolutionerede bystyret. Giovanni Gioia, der ledede DC i Palermo, agiterede imod byggespekulationen under det forrige byråd, og lovede at gennemføre saneringen af *il centro storico*, og at fremlægge den overordnede byplan, *il Piano Regolatore Generale*, for Palermos vækst fremover.

I det nye byråd dannede de kristelige demokrater junta med partierne til højre. Den vigtige stilling som assessor for offentlige arbejder, med myndighed til at udstede byggetilladelser og med ansvaret for byplanlægning, gik til Salvo Lima, og assessor for kommunale virksomheder blev Vito Ciancimino, begge fanfanianere[4] ligesom Gioia. Luciano Maugeri var borgmester til sin død to år efter, hvorefter Lima blev borgmester og Ciancimino overtog stillingen som assessor for offentlige arbejder. Efter kommunalvalget i 1960 fortsatte begge i samme stillinger, indtil Lima trådte tilbage som borgmester i 1963. I 1964 blev Vito Ciancimino igen valgt ind

---

[3] Roberto Ciuni, „Il sacco di Palermo", *L'Ora*, 23., 27. og 30. juni 1961; Giacomo Galante, „Cronaca della speculazione edilizia", *L'Ora*, 7., 13. og 21. juni 1973; og Tranfaglia, *Mafia, politica e affari* cit., ss. 187–8.

[4] Det betyder, at de tilhørte fraktionen *Iniziativa Democratica*, der var startet af og lededes af Amintore Fanfani, daværende leder af DC.

i byrådet, men indtrådte ikke i juntaen.[5] Limas entré som assessor for offentlige arbejder betød store ændringer i arbejdsgangen, som Judith Chubb har formuleret ganske godt:

> Da Salvo Lima i 1956 overtog assessoratet for offentlige arbejder, revolutionerede han det alliancesystem, som DC baserede sin magt på. Assessoratets døre blev lukkede for de gamle DC-godsejeres privilegerede klient-skarer, og alle beslutninger blev taget af assessoren selv eller hans personlige sekretær, og afdelingsfunktionærenes småsvindel, der havde været udbredt under det gamle regime, blev elimineret. Det, Lima gjorde, var at transformere godsejernes i grunden sporadiske begunstigelser, der blev foretaget uden nogen overordnet strategi og var begrænset til en snæver social elite, til en sammenhængende strategi for byudvikling og DC-magtudøvelse, styret direkte fra magtfulde nøgleposter inden for byens administration. Få måneder efter Limas ankomst dukkede en helt ny klasse af forretningsmænd op på scenen, med navne, der hidtil havde været ukendte i byens erhvervsliv. En ny æra var ved at begynde i Palermo, en æra, hvis ledende skikkelser skulle blive duoen Salvo Lima-Vito Ciancimino.[6]

Før 1960 var der ingen regulering af byggeaktiviteterne i Palermo. Bortset fra genopbygningsplanen fra 1947, der skulle genoprette skaderne efter krigens bombardementer, var der ingen planer for byens udvikling.

Lima forberedte i 1959 et forslag til en overordnet byplan, som blev vedtaget af byrådet i november samme år med over 600 tilføjelser og rettelser. Størstedelen af rettelserne til planen kom fra private bygherrer, der ønskede planerne for netop deres ejendomme ændret, så der kunne opføres etageejendomme med ejerlejligheder i stedet for mindre profitable

---

[5] *ibid.*, ss. 93–4. Salvo Limas karriere som politiker og forretningsmand findes beskrevet i Vincenzo Vasile, *Salvo Lima*, i: Nicola Tranfaglia, (red.), *Cirillo, Ligato e Lima. Tre storie di mafia e politica*, Laterza, Roma-Bari, 1994, ss. 185–267.

[6] Chubb, *Patronage* cit., s. 133.

Palermo i forfald. Byggeboom'et i Palermo var rettet mod købedygtige befolkningsgrupper, og byens mange fattige levede stuvet sammen i gamle, faldfærdige huse i den indre by. Store dele af centrum blev sønderbombet under krigen, og den dag i dag står huse i byens centrum som udbombede ruiner. Byens forfald kræver hvert år sine ofre blandt de fattige beboere som følge af sammenstyrtninger.

Foto: Peter Søndergaard.

fællesfaciliteter som parker, skoler, posthuse og så videre. Præsidenten for regionen godkendte først planen i juli 1962, efter at have underkendt to trediedele af ændringsforslagene. Det var dog alt for sent, da Lima og Ciancimino i den mellemliggende periode havde fulgt planen fra 1959, og mange af de afviste ændringsforslag allerede var blevet ført ud i livet.

Byplanen betød dog ikke et stop for spekulationen, blot en delvis legalisering af den. Fra at skulle varetage almenvellets interesser overgik planen til at varetage bygherrernes interesser, og trods dette så de følgende år utallige eksempler på eklatante brud på planens bestemmelser. Planens vigtigste funktion var at give lokalpolitikerne en rolle i byggespekulationen i byen. Hvor spekulationen tidligere havde været

Tabel 5.1: *Antal færdigbyggede boliger på Sicilien i årene 1954-1973*

År	Antal	År	Antal	År	Antal
1954	8.590	1961	18.059	1968	14.505
1955	10.778	1962	19.602	1969	16.429
1956	14.793	1963	22.949	1970	20.014
1957	17.290	1964	26.446	1971	15.416
1958	15.933	1965	18.780	1972	12.468
1959	16.315	1966	14.888	1973	9.436
1960	17.719	1967	14.845		

Kilde: ISTAT: *Annuario statistico dell'attività edilizia e delle opere pubbliche*, vol. I–XIX (1955–1974).

'gratis', skulle spekulanterne nu betale en pris til de politikere, der skulle dispensere fra byplanen.

Den voldsomme vækst i boligbyggeriet var ikke begrænset til Palermo. Byggestatistikkerne for Sicilien viser, at byggeboom'et toppede omkring 1964 (tabel 5.1). Omkring en trediedel af byggeriet foregik i provinsen Palermo (ikke kommunen) og omkring en femtedel i provinsen Catania. Resten er spredt nogenlunde jævnt over de resterende syv provinser. Den høje byggeaktivitet er for kommunen Palermos vedkommende præcis sammenfaldende med Salvo Limas og Vito Cianciminos perioder som assessorer for offentlige arbejder.

Eksempel: Sicil-casa og Aversa

På et tidspunkt mellem 1960 og 1962 købte firmaet Sicilcasa[7] et stykke jord ved borgata'en Malaspina af en non-

---

[7]Eksemplet om Sicil-casa og Aversa er fra Tranfaglia, *Mafia, politica e affari* cit., ss. 96–99, reproduceret fra den første antimafia-kommissions afsluttende betænkning: Carraro, *Relazione Conclusiva* cit.

neorden. Andre dele af jorden blev købt af en af parthaverne i Sicil-casa, af konen til en højtstående embedsmand i regionsadministrationen, af konen til den kommunale assessor for trafik, som også var medlem af den kommunale byggekommission, der behandlede sager vedrørende byplanen, samt af firmaerne Aversa og Seidita. Af parthaverne i Sicil-casa havde kun en enkelt tidligere af myndighederne været sat i forbindelse med mafiaen, med Nicolò Di Trapani, der var leder af en lokal mafia-familie. Den jord, Sicil-casa købte, grænsede netop op til jorde tilhørende Di Trapani og en anden mafia-familie, D'Arpa. Arealerne var i byplanen lagt ud til grønne områder, men efter ansøgning fra D'Arpa, Di Trapani og nonneordenen blev planen for området ændret til privat bebyggelse, hvilket forøgede værdien af jorden betragteligt.

I starten af august 1961 søgte Sicil-casa om fire byggetilladelser til arealerne, og tilladelserne blev givet midt på måneden. Nogle af de tidligere forpagtere af jorden ville dog ikke forlade den, men blev tvunget væk af Nicolò Di Trapani. Forpagterne har tilsyneladende henvendt sig til en anden mafioso, Agostino Caviglia, der blev dræbt i et skyderi mellem de to grupper mafiosi. Caviglias svogere angreb da D'Arpa-familien, som de mistænkte for at stå bag drabet, men de blev selv skudt i de følgende skyderier med D'Arpa-familien. Nicolò Di Trapani blev anklaget og frikendt for privat voldsanvendelse over for de tidligere forpagtere, mens der aldrig blev rejst sigtelse for drabene på Caviglia og hans svogere.

Firmaet Aversa, der også havde købt jord af nonneordenen, søgte om byggetilladelse i november 1961, men fik først tilladelsen i juni 1962, efter at sagen havde været henlagt i en periode af Giuseppe Drago, der var chef for teknisk forvaltning i assessoratet for offentlige arbejder, til trods for at projektet var meget lig Sicil-casas projekt på samme jorde. Aversa kunne dog ikke benytte tilladelsen fuldt ud, da en strejke stoppede byggeriet midlertidigt og ændringerne i byplanen blev annulleret af regionspræsidenten i juli 1962. Hermed gik Aversas projekt i stå. Regionspræsidentens intervention skadede også de andre firmaer, der arbejdede på nonnernes jorde, herunder også Sicil-casa, men Sicil-casas projekter var stort set afsluttede.

Efter en opsigtsvækkende sag i 1963, hvor Ciancimino udstedte byggetilladelser til Sicil-casa i modstrid med byplanen, indgav Aversas administrator Pecoraro i august 1963 anmeldelse mod Ciancimino og Drago for at have favoriseret Sicil-casa ved at foretage to ændringer i byplanen udelukkende til Sicil-casas fordel; for at have givet Sicil-casa byggetilladelser, mens Aversas ansøgninger for samme område blev henlagt; for at have givet Aversa tilladelserne efter flere måneders forsinkelse og først efter mafioso'en Nicolò Di Trapanis mellemkomst til fordel for Aversa (angiveligt mod betaling); for efter regionspræsidentens annullering af ændringerne til byplanen at have krævet, at Aversa skulle stille Sicil-casa skadesløs, før ny tilladelse kunne gives; og for, da det blev afvist, at have udstedt ordre om nedrivning af det, som Aversa allerede havde bygget på grundene, og at have nægtet pure at udstede ny byggetilladelse til Aversa.

Pecoraros anmeldelse blev behandlet af forundersøgelseskontoret, der i oktober 1963 anbefalede, at sagen blev arkiveret. I juni året efter meddelte Pecoraro overraskende, at han trak anmeldelsen tilbage og i øvrigt mente, at Ciancimos behandling af sagen hele tiden havde været korrekt. Senere indrømmede han dog, at det havde været Ciancimos betingelse for at give byggetilladelsen, som Aversa havde fået fjorten dage før. Sagen blev trods Pecoraros brev genoptaget, men både Ciancimino og Drago blev frikendt af forundersøgelsesdommerne i maj 1966, hvilket blev underkendt af den offentlige anklager. Retssagen bekræftede i store træk Pecoraros fremstilling af forløbet, men dommeren frikendte alligevel Ciancimino, da det ikke ansås for bevist, at han

Vito Ciancimino var gennem tredive år en nøgleperson i Palermos bystyre. Politisk var han urørlig, takket være mafiaen, og han tjente mange penge på spekulationen. Selv uden at beklæde offentlige hverv udøvede han en afgørende indflydelse på bystyret. Pentito'en Tommaso Buscetta afslørede i 1984, at Ciancimino var mafioso, og han blev idømt ti års fængsel.

Foto: Labruzzo/Giacomino Foto.

havde kendt til Aversas ansøgninger om byggetilladelser.

Således endte sagen med, at alle de involverede, mafiosi, forretningsfolk og politikere, gik fri for alle anklager, og taberen blev Aversa, der ikke havde haft de rette forbindelser og derfor fik deres projekter forsinket flere år i forhold til konkurrenten.

Ud over denne sag, dokumenteredes de tætte forbindelser mellem Vito Ciancimino og firmaet Sicil-casa også af Cianciminos køb i december 1961 af to lejligheder til underpris, netop af Sicil-casa. Angivelift var ejerne af Sicil-casa nære venner af Ciancimino, der også selv skulle have økonomiske interesser i firmaet.[8]

Den første antimafia-kommission gennemgik i sin redegørelse for Cianciminos karriere talrige eksempler på, hvordan mafia-interesser, økonomiske interesser og politiske interesser

---

[8] Chubb, *Patronage* cit., s. 106.

smeltede sammen, med fikspunkt i assessoratet for offentlige arbejder, som Ciancimino styrede i årene 1959-64. Eksemplet Sicil-casa var blot et af mange.

Mafiaens politiske betydning

Mafia-familierne i borgata'ene omkring Palermo øgede deres politiske indflydelse betragteligt med Gioias overtagelse af DC's partiapparat i provinsen. Mafiaen har altid baseret sin magt på en kontrol over territoriet, der er blevet opretholdt ved brug af vold, og de politiske partier kunne ikke etablere partisektioner af betydning i borgata'ene uden samtykke fra den lokale mafia. Agrarmafiaen havde tidligere støttet højrefløjen, specielt monarkisterne og *L'Uomo Qualunque*, men det lykkedes Gioia at lave en pagt med mange af de lokale mafia-familier, der inddrog dem i DC's partiapparat samtidig med, at DC anerkendte deres lokale kontrol.

Resultatet ses blandt andet, hvis man sammenligner tallene fra lokalvalgene i 1952 og i 1956 i enkelte borgate med de tilsvarende tal fra Palermos centrum, som Chubb gør. Her ser man, at de kristelige demokrater næsten fordoblede stemmetallene i borgata'ene, fra omkring 22% til 41%, mens højrefløjen gik tilsvarende tilbage, hvorimod fremgangen i byens centrum var væsentligt mindre.

Gioias taktik var ikke specielt rettet mod mafiaen, men sigtede mere generelt på at lade partiet DC overtage klientnetværk, der tidligere havde været knyttet til højrefløjen, for derved at give partiet en bredere magtbase. I borgata'ene fandtes kun en magtstruktur, mafiaen, og den blev derfor et af Gioias mål.

Nicolò Di Trapani var netop capo for mafia-familien i borgata'en Malaspina, og uden hans støtte havde DC ikke kunnet etablere sig og føre valgkamp i Malaspina. Herved har Di Trapani skaffet sig kontakter til DC's ledelse i provinsen og, da DC ledede bystyret i Palermo, skaffede han sig også kontakter hertil, specielt til Gioias protegé Ciancimino. Ciancimino har også indrømmet at kende Di Trapani og at have mødt ham flere gange på sit kontor.[9] Cianciminos forbindelser til området kan også ses af fordelingen af hans personlige stemmetal. Ved lokalvalget i 1964, hvor Ciancimino samlet fik 9305 personlige stemmer i de 22 valgkredse, fik han over 4000 i de seks kredse, der ligger i de tidligere nævnte mafia-familier Di Trapani og D'Arpas områder. Ved valget i 1970 fik han over 5000 personlige stemmer af samlet 11193 i netop de seks kredse.[10]

Dette forhold mellem Di Trapani og Ciancimino forklarer også, hvorfor det ikke lykkedes for firmaet Aversa at arbejde i Malaspina, før de henvendte sig til Di Trapani. Ciancimino benyttede sin position i bystyret til at sikre, at al byggeaktivitet i Malaspina var under Di Trapanis kontrol, mod at Di Trapani til gengæld sikrede Ciancimino valgmæssig opbakning i borgata'en. Når Aversa henvendte sig til Di Trapani, for at få ham til at fremme deres sag, er det ganske givet, at Di Trapani ikke gav sin hjælp gratis.

Mafiaens rolle i spekulationen

Mafia-familierne i borgata'ene besad i kraft af deres position lokalt en del jord, og havde gode muligheder for at anskaffe mere, blandt andet ved trusler og vold. Efterhånden som borgata'ene blev opslugt af byen, blev mafia-familiernes lokale fordele penge værd. I første omgang var der fordelen ved at besidde eller kunne skaffe sig jord i de kommende byzoner. Jorden blev så videresolgt senere som byggegrunde, ofte til virksomheder med mafia-interesser.

---

[9]Tranfaglia, *Mafia, politica e affari* cit., s. 95.
[10]*ibid.*, s. 104.

Denne del af spekulationen kunne let føres videre med de rette forbindelser til kommunen og assessoratet for offentlige arbejder. Udvalgte områder lægges ud til offentlige formål, for eksempel skoler eller parker, hvorved værdien falder. Så købes jorden op og der søges om dispensation fra byplanen, og prisen stiger igen.

Mafiosi'enes entré i byggebranchen blev ikke vanskeliggjort af kapitalmangel. Som nævnt tidligere var de to største kreditinstitutioner på Sicilien, *Banco di Sicilia* og *Cassa di Risparmio*, under fanfanianernes kontrol, og personer med gode forbindelser til de kristelige demokrater kunne regne med kredit her. Et fortrinligt eksempel på klientelistisk kreditgivning er Francesco Vassallo.

Vassallo startede i 1930'erne som kusk og handlende i klid, og under krigen handlede han med korn på det sorte marked. I 1952 blev kloakeringen mellem to borgate nord for Palermo udbudt i licitation, og Vassallo deltog, på trods af at han ikke tidligere havde været involveret i byggebranchen og ikke på det tidspunkt var opført i registret over godkendte tilbudsgivere. *Banco di Sicilia* havde givet Vassallo en væsentlig kredit, mens *Cassa di Risparmio* var meget forbeholden over for ham. På mystisk vis trak alle konkurrenterne deres bud tilbage uden forklaring, og opgaven gik til Vassallo efter privat forhandling med bystyret, der var ledet af borgmester Gaspare Cusenza. Dette var starten på Vassallos karriere som bygherre i Palermo.

Det næste store skridt frem for Vassallo var i 1958, da *Cassa di Risparmio* pludselig skiftede mening om Vassallo, og gav ham en kredit på over 700 mio. lire[11], uden at der

---

[11] For at sætte beløbet i perspektiv kan anføres, at det svarede til omkring 5% af den budgetterede værdi af alle offentlige arbejder i hele provinsen Palermo. Forsøgsvis omregnet til danske forhold svarer beløbet til omkring 35 mio. kroner (1985-kroner).

blev stillet nogen garanti. Kort forinden var Gaspare Cusenza blevet udnævnt til præsident for *Cassa di Risparmio*. Denne kredit gav Vassallo mulighed for at deltage i byggespekulationen i stort omfang. Ofte byggede han i modstrid med byplanen, han kunne altid få sine projekter godkendt, og det er endda sket, at Vassallo har fået et projekt godkendt i kommunen, førend det var blevet protokolleret. Sidst i 1960'erne var Vassallo blevet en af de rigeste mænd i Palermo, takket være de tætte forbindelser, som han knyttede til fanfanianerne med Gioia i spidsen. Vassallos første velgører, Gaspare Cusenza, var Gioias svigerfar, og senere blev Salvo Lima den vigtigste støtte for Vassallo. Forbindelserne ses også af, at Vassallo solgte lejligheder til næsten alle fanfanianerne.

Vassallo er aldrig selv blevet anklaget for at tilhøre mafiaen, men han var gift ind i en kendt mafia-familie og fulgte i sin adfærd mafiaens mønster, blandt andet tavshed over for myndighederne.[12]

Det lykkedes ikke Aversa at færdiggøre deres byggeri i Malaspina på grund af en strejke, der kom på et uheldigt tidspunkt. Det *kan* være en af de lokale mafia-familier, der på den måde har forsøgt at signalere, at Aversa ikke havde fulgt den 'korrekte' procedure. Metoden er ikke ukendt.

Selv om byggeboomet ophørte sidst i 1960'erne, er der jo stadig byggerier i gang, og mafiaen har aldrig opgivet at udnytte branchen. Pentiti'ene kan derfor fortælle en del om, hvordan mafia-familierne sikrer sig kontrol over byggeaktiviteterne på deres territorium. Pentito'en Vincenzo Marsala fra den lille by Vicari fortæller om, hvordan entreprenører,

---

[12] Marcello Cimino, „L'impero Vassallo", *L'Ora*, 30. september 1969; Tranfaglia, *Mafia, politica e affari* cit., ss. 176–80; og Umberto Santino og Giovanni La Fiura, *L'impresa mafiosa dall'Italia agli Stati Uniti*, Franco Angeli, Milano, 1990, ss. 128 og 131.

der ikke ville betale 'beskyttelsespenge' til hans familie, ansætte bestemte personer eller på anden måde samarbejde, blev udsat for trusler, hærværk, tyverier eller bomber.[13]

Vil en mafia-familie forhindre en entreprenørs arbejde, har den rige muligheder. Intimidering og vold mod entreprenøren selv eller hans materiel vil som oftest have det ønskede resultat. Som det måske er sket med Aversa, kan mafiaen også med trusler mod de ansatte fremtvinge en strejke.

Mafiaens voldelige evner var og er ikke kun nyttige mod entreprenører, der ikke vil følge det etablerede system mellem lokalpolitikerne og mafiaen, men også mod andre, der kommer i vejen for systemet, som for eksempel de bønder, der ikke ville forlade den jord, som Sicil-casa havde købt af nonnerne.

Mafiaens muligheder for at øve vold er afhængige af, at den bliver beskyttet mod retsforfølgelse eller domsfældelse. En del af beskyttelsen kommer fra *omertà*, der forhindrer folk i at gå til myndighederne, både i sager hvor de selv er offer og i sager vedrørende andre. Betydningen af *omertà* for mafiaens straffrihed er dog noget omdiskuteret, men det er givet, at betydningen er mindre i byerne end på landet. En del af diskussionen om betydningen af *omertà* skyldes, at *omertà* tit forveksles med simpel frygt for mafiaens repressalier, hvis folk vidner mod den.

En anden del af mafiaens beskyttelse mod retsforfølgelse er det, der er blevet kaldt dens 'politiske skjold'. Som det tidligere er blevet beskrevet, hører retsvæsen og politi under staten og administreres inden for rammerne af provinsen. De lokale politikere kunne derfor ikke selv beskytte mafiosi'ene mod retsforfølgelse, men mafiaens nære forhold til politiske grupper, der også havde betydning på nationalt plan, ydede god beskyttelse mod nidkære politifolk og dommere, der konstant så sig hæmmet i deres arbejde, ved

---

[13]Søndergaard, *Den sicilianske mafia* cit., bd. 1, ss. 231–2 og 241–2.

utidige forflyttelser, manglende forfremmelser, underbemanding af afdelingerne og manglende bevillinger.

Hvad var omfanget af mafiaens engagement i byggespekulationen? Det siger et enkelt eksempel som det om Sicil-casa og Aversa ikke noget om, og der findes ikke nogle statistikker, men enkelte indikatorer findes der dog. Præfekten for Palermo, Francesco Bevivino, rapporterede i 1964 til præsidenten for regionen om uregelmæssighederne i kommunaladministrationen i Palermo. Han opgjorde, at der i perioden 1959-1963, i Cianciminos periode som assessor for offentlige arbejder, blev udstedt 4205 byggetilladelser, heraf 1653 til Salvatore Milazzo, 702 til Michele Caggegi, 447 til Francesco Lepanto og 209 til Lorenzo Ferrante.[14]

Denne fordeling af byggetilladelserne ville ikke være påfaldende, hvis disse personer havde været repræsentanter for kendte og store entreprenørvirksomheder. Det var de blot ikke. De var alle opført i registret over godkendte bygmestre, og de var alle blevet det uden tilstrækkelig dokumentation og ofte uden lovlig grund. Ifølge Bevivino var Milazzo murer og Caggegi handlende i „forskellige varer og kul"[15]. Hertil tilføjer antimafia-kommissionen, at begge var uden fast ejendom og uden tidligere aktiviteter inden for byggebranchen, samt at Caggegi var pensioneret på grund af dårligt helbred.[16] Lepanto derimod var ingeniør, men var tidligere blevet grebet i at underskrive projekter, han intet havde at gøre med. Rapporten kommenterer situationen således:

> Stillet over for dette imponerende bjerg af arbejde ... må man spørge sig, hvilket ubegrænsede finansielle potentiale og hvilket imponerende teknisk udstyr firmaet, der tilhører

---

[14] Bevivino, *Relazione della commissione ispettiva* cit., ss. 14 og 18-9.
[15] *ibid.*, ss. 15 og 17.
[16] Tranfaglia, *Mafia, politica e affari* cit., ss. 83 og 94.

den tidligere handlende i forskellige varer og kul, og det, der tilhører mureren, må være i besiddelse af.

Det er givet, at inspektionskommissionen har befundet sig over for åbenlyse tilfælde af 'stråmænd'.

> Reelt har disse stråmænds bidrag begrænset sig til at underskrive projektet eller, oftere, byggetilladelsen.[17]

De fire nævnte stråmænd stod for over 70% af samtlige byggetilladelser i perioden, og sammen med en femte ståmand for over 80%.

Det ville være forkert at slutte herfra, at mafiaens andel i byggespekulationen i perioden var 80%, da mange andre også kan have haft økonomiske interesser i spekulationen, som de ønskede skjult, for eksempel politikere og embedsmænd i kommunen, provinsen og regionen. Vi har tidligere set, hvordan flere embedsmænd og lokalpolitikere deltog i spekulationen på nonnernes jorde i konens navn, og Vito Ciancimino har også haft flere forretninger kørende sammen med kendte mafiosi i sin kones navn. Som antimafia-kommissionen beskedent udtrykte det: „Cianciminos kone har således befundet sig i en fælles virksomhed med personer, der ikke netop var anbefalelsesværdige"[18].

En af stråmændene har siden sagt til kommissionen, at han underskrev byggetilladelserne for at hjælpe nogle 'venner', der også hjalp ham nogen gange.[19] Det er en klar henvisning til mafiaen, men det eksakte omfang af mafiaens deltagelse i spekulationen kan ikke fastslås. At mafiaen var involveret i byggespekulationen er der dog ingen tvivl om.

---

[17]Bevivino, *Relazione della commissione ispettiva* cit., ss. 19–20.
[18]Tranfaglia, *Mafia, politica e affari* cit., s. 100.
[19]Michele Pantaleone, *Antimafia: occasione mancata*, Einaudi, Torino, 1969, s. 19.

Situationen udenfor Palermo

Det er ikke givet, at forholdene i Palermo var repræsentative, men ifølge antimafia-kommissionen var forholdene ikke væsentligt anderledes på resten af Vestsicilien. Spekulationen var omfattende, specielt i de tre provinshovedstæder Agrigento, Trapani og Caltanissetta. I Agrigento var spekulationen intens omkring den arkæologiske zone, hvor der er adskillige græske templer. Efter et jordskred i 1966 styrtede nogle ulovligt opførte etageejendomme i Tempel-dalen sammen, hvilket vakte stor furore. Skandalen og den efterfølgende ministerielle undersøgelseskommission satte spekulationen i Agrigento i stå i mange år fremover og de tre borgmestre fra årene 1956-66 blev alle dømt for deres del i byggespekulationen.[20]

Det eksakte omfang af mafiaens deltagelse i spekulationen er ukendt, men antimafia-kommissionen nævner, at i perioden mellem 1957 og 1968 blev lov 1435/56 om forholdsregler mod personer, der betragtes som farlige for den offentlige sikkerhed eller moral, bragt i anvendelse 4188 gange i Trapani, 1623 gange i Agrigento og 1359 gange i Caltanissetta, og det understreges, at det ikke var mod socialt marginaliserede personer, men at „adskillige af dem var engagerede personligt i de dengang mest givtige økonomiske aktiviteter, først og fremmest byggespekulationen"[21].

Opsummering

Mafiaen var indtil omkring 1950 stort set kun et landfænomen, nært knyttet til råderetten over jorden. Mafiaen herskede næsten enevældigt i øens indre egne og kontrollerede de livsnødvendige ressourcer: adgang til jorden og transport.

---

[20] Tranfaglia, *Mafia, politica e affari* cit., s. 197.
[21] *ibid.*, s. 77.

Det ændrede sig med landreformen i 1950. Afvandringen fra landdistrikterne og den omfattende emigration undergravede mafiaens magtposition. Værdien af kontrollen med landbrugsjorden mindskedes af migrationen fra landet, der reducerede konkurrencen om jorden, og i de fremvoksende bykvarterer var mafiaens dominans endnu ikke et socialt og økonomisk veletableret faktum, sådan som det havde været på landet.

Trods omvæltningerne i de første tyve efterkrigsår lykkedes det dog for mafiaen at tilpasse sig de ændrede vilkår og at sikre sig en position i det nye politisk-økonomiske system, som fanfanianerne etablerede. Dominansen var dog ikke længere ubestridt, idet mafiaen måtte dele magten med lokalpolitikerne, primært fanfanianerne, der totalt monopoliserede lokalstyret og bureaukratiet og dermed også fordelingen af vigtige ressourcer som byggetilladelser og næringsbreve.

Byggesektoren var den vigtigste sektor i Siciliens økonomi, og den demonstrerer derfor klarest tidens forhold mellem mafia, politik og forretning. Mafiaen havde også interesser i andre sektorer, specielt engroshandel med landbrugsprodukter, men betydningen heraf var mindre og mere knyttet til mafiaens traditionelle interessesfære.

Det vigtigste var dog, at mafiaen overlevede tidens to store udfordringer, den demografiske omvæltning og det politiske magtskifte, og blev en del af det nye system. Ellers var den degenereret til almindelig kriminalitet og havde været ganske uinteressant.

Kapitel 6

Mafiaens forretninger

Op igennem 1970'erne skete der en gradvis udvikling i mafiaens handlemåde på såvel det økonomiske som det politiske område. Tidligere havde mafiaen stort set udelukkende sat sin formue i fast ejendom, men nu begyndte mafiaen at investere en større del af fortjenesten fra de kriminelle aktiviteter i legale virksomheder, og den bragte i stort omfang sine kriminelle metoder med sig. Samtidig forårsagede byggeboom'ets ophør en krise i det klientelistiske system, hvis yderste konsekvens var at føre mafiosi'ene aktivt ind i politik.[1]

---

[1] Mafiaens ikke-kriminelle forretninger kom først i forskernes søgelys i 1980'erne, og er ganske godt belyst nu. Den første til at behandle emnet seriøst var Arlacchi, *La mafia imprenditrice* cit., der introducerede begrebet forretningsmafia, som han opfattede som en 'ny' mafia i forhold til den 'gamle' agrarmafia. Siden har Raimondo Catanzaro, *Il delitto come impresa. Storia sociale della mafia*, Rizzoli, Milano, 1991 (Liviana, Padova, 1988), behandlet emnet, men han ser en kontinuitet i mafiaens historie, og vil ikke godtage begreberne 'ny' og 'gammel' mafia. Samme holdning findes i Santino mfl., *L'impresa mafiosa* cit., der er et meget omfattende studie af mafiaen og dens forretninger, og indeholder en grundig gennemgang af tidligere studier.

Betydningen af byggeboom'ets ophør

Hvad betød det politisk, at byggeboom'et ophørte? I et politisk system, hvor politisk opbakning i realiteten er en vare, der købes, er det afgørende for politikerne, at de altid er i stand til at yde deres klienter tjenester. I en siciliansk sammenhæng består de primært af jobs til befolkningen og gode forretningsmuligheder til erhvervslivet. Byggespekulationen havde klientelistisk set været ideel for politikerne, da deres ydelser havde været af ikke-materiel art, i form af byggetilladelser og dispensationer fra byplanen. Politikerne havde ikke i væsentlige omfang brug for finansielle ressourcer fra eksterne kilder, men kunne basere deres magt på kontrol over det administrative apparat.

Efterhånden som markedet for lejligheder blev mættet, mindskedes mulighederne for at yde tjenester på denne måde, og der opstod et misforhold mellem klienternes forventninger og patronernes evne til at opfylde dem. Politikernes evne til at fastholde deres klienters loyalitet svækkedes, og konkurrencen mellem de forskellige politiske grupper om samme loyalitet blev derfor skarpere.

Politikerne var nødt til at finde nye ressourcer, der kunne inddrages i det klientelistiske system. Stort set alle de samfundsressourcer, der er under politisk kontrol, blev inddraget i handelen med tjenester, men det blev primært de offentlige udgifter og de offentlige arbejder, der blev udnyttet. Det var også sket tidligere, men den relative betydning af de offentlige udgifter og de offentlige arbejder blev større.

Mafiaens indtægtskilder

Mafiaen har tidligt i efterkrigstiden været involveret i adskillige kriminelle aktiviteter, hvoraf de vigtigste er tobakssmugling, narkotikahandel, ulovlig våbenhandel og afpresning af erhvervsdrivende. Det har placeret væsentlige kapitalmængder i hænderne på mafiosi, men også kommunernes, regionens og statens skatteopkrævning har bidraget til mafiaens indtægter, som vi skal se senere.

Tobakssmugling var en af de første aktiviteter, der blev genoptaget efter krigen. Den italienske stat fastholder et monopol på import og forhandling af tobak, og det er derfor en god forretning at importere og distribuere tobak. Siciliens geografiske nærhed ved Afrika er en vigtig forudsætning for tobakssmuglingen, og de kontakter, der knyttedes i forbindelse med tobakssmuglingen, og de tilhørende transport- og distributionsnetværk var vigtige for den sicilianske mafias ekspansion på det internationale narkotikamarked.

Handel med narkotika var heller ikke ny for mafiaen. Allerede fra starten af århundredet havde den sicilianske mafia tætte familie- og venskabsforbindelser til den fremspirende amerikanske mafia, og disse nære personlige bånd gav den sicilianske mafia gode muligheder på det amerikanske narkotikamarked. Mafiaen har handlet med narkotika igennem hele århundredet, kun afbrudt af krigene, men rigtigt stort omfang fik handelen ikke før i 1970'erne, hvor mafiaen opnåede at kontrollere meget store dele af det internationale narkotikamarked, specielt i USA og i Europa.

Illegal handel med våben hænger tæt sammen med mafiaens behov for at bevæbne sig selv og med narkotikahandelen, da varerne tit bevæger sig ad de samme kanaler. Det er specielt blevet en god forretning efter kommunismens fald i Østeuropa og den igangværende krig i Jugoslavien.

Afpresning af erhvervsdrivende er også en gammel måde at rejse penge på. Beløbet kaldes normalt for *pizzo* eller *tangente*, og kravet præsenteres over for de forretningsdrivende som betaling for ydet 'beskyttelse', hvilket normalt vil sige beskyttelse mod beskytteren. Beløbene, der opkræves, er sjældent store — typisk i størrelsesordenen nogle tusinde kroner om måneden for de mindste forretninger. Det skyldes, at afpresningen sigter bredere end blot at skaffe indtægter: den er en væsentlig del af mafiaens kontrol med territoriet. Ved at betale tvinges de erhvervsdrivende til at anerkende mafiaens magt, da de betaler en form for skat til den, og tilliden til den egentlige statsmagt undergraves, idet mafiaen her tiltager sig nogle af statens allervigtigste privilegier. Det er svært at vurdere omfanget af afpresningen, men ifølge det private italienske socialforskningsinstitut CENSIS var de samlede indtægter fra afpresningerne i 1992 på omkring 400 mio. kr. om året, for Palermo-provinsen alene.[2]

Mafiaens meget store indtægter, specielt fra narkotikahandelen, kan kun i begrænset omfang geninvesteres i illegale forretninger og personligt forbrug. Illegale besiddelser er også meget sårbare, idet de kun er beskyttet af ejernes evne til at forsvare dem med magt, og de kan kun vanskeligt overføres til eventuelle arvinger. Illegale besiddelser er netop ikke beskyttet af statsmagten, så ejeren må selv påtage sig forsvaret af besiddelserne, om nødvendigt med vold. I en siciliansk sammenhæng er specielt overdragelse af illegale besiddelser til kvindelige arvinger problematisk, da de sjældent vil have de nødvendige midler til at forsvare værdierne. Der er derfor et behov for at legalisere formuerne, det vil sige vaske pengene hvide og placere dem inden for det legale økonomiske system.

Eksempel: Salvo'ernes skatteimperium

De to fætre Nino og Ignazio Salvo stammede fra byen Salemi i den vestsicilianske provins Trapani, og var i 1960'erne og 1970'erne nogle af de absolut mest magtfulde personer på

---

[2] Centro Studi Investimenti Sociali (CENSIS), *Contro e dentro. Criminalità, istituzioni, società*, Franco Angeli, Milano, 1992, s. 83.

Sicilien.[3] Fætrene ejede sammen med nogle nære slægtninge et antal firmaer, der specialiserede sig i skatteopkrævning. Opkrævningen af direkte og indirekte skatter blev fra midten af 1950'erne indtil midten af 1980'erne udbudt i licitation til private virksomheder for tiårs perioder af gangen.

Salvo'ernes skatteopkrævningsvirksomhed blev startet i 1950'erne i Salemi af Luigi Corleo sammen med medlemmer af Cambria-familien fra Messina. Fætrene trådte ind i forretningen ved Nino Salvos ægteskab med Corleos datter, og firmaet voksede støt, indtil fætrene i 1970 varetog 75 udbudte opkrævningsopgaver på Sicilien og i resten af Syditalien. De tre familier Salvo, Corleo og Cambria dominerede gennem fælles selskaber skatteopkrævningssektoren helt frem til 1984, da opgaven ved regional lov blev lagt over i et regionalt kontrolleret selskab.

I forhold til andre regioner var skatteopkrævningen på Sicilien specielt lukrativ. Skatteopkrævernes del var 6–10%, mens gennemsnittet for hele Italien var 3,3%. De opkrævede beløb skulle normalt indbetales hver anden måned, men for Siciliens vedkommende kunne forsinkelser tillades i tilfælde af uforudselige ulykker eller ved tilladelse fra den regionale assessor for finanserne. I praksis betød reglerne, at skatteopkræverne havde store mængder rentefri kapital til rådighed, hvilket Salvo'erne brugte til et stort antal spekulationsforretninger.

For Salvo'erne førte det til opbygningen af et helt system af virksomheder, organiseret med skatteopkrævningsvirksomhederne som holdingfirmaer i forhold til de andre virksomheder, der var aktive inden for landbrug, transport, turisme, handel, edb og forsikring. I alt havde Salvo-Corleo-

---

[3]Oplysningerne om fætrene Salvo er, med mindre andet er angivet, fra Corrado Stajano, (red.), *Mafia. L'atto d'accusa dei giudici di Palermo*, Editori Riuniti, Roma, 1986, ss. 313–358.

Ignazio Salvo. Fætrene Nino og Ignazio Salvo var to af Siciliens rigeste og mest magtfulde mænd. Deres lukrative forretninger, specielt skatteopkrævningen, gjorde dem yderst velhavende, og deres politiske forbindelser, blandt andet til Salvo Lima, var meget solide. Fætrene Salvo beskyttede mafioso'en Tommaso Buscetta, da han var på flugt fra politiet, og telefonaflytninger viser, at fætrene senere desperat forsøgte at kontakte Buscetta i Brasilien, da alle deres allierede i mafiaen blev myrdet i den anden mafia-krig. De blev sandsynligvis sparet, fordi deres politiske kontakter kunne være nyttige for mafia-krigens vindere. Buscetta afslørede efter sin anholdelse i 1984, at begge var mafiosi. Ignazio Salvo ses her ved anholdelsen. Han blev myrdet i 1992, seks måneder efter Salvo Lima. Han var ikke længere nyttig, da Lima var væk. Foto: Labruzzo/Giacomino Foto.

gruppen direkte interesser i 32 virksomheder, interesser gennem stråmænd i 23 og aktieposter i tre.[4]

Helt tilbage til 1960'erne var der rygter i omløb, der karakteriserede fætrene Salvo som mafiosi og Ignazio Salvo som søn

[4] Santino mfl., *L'impresa mafiosa* cit., ss. 287-9.

af en mafioso. Det fremgår af det lokale politis rapporter, men som anklageskriftet mod fætrene tydeligt viser, skete der i løbet af 1960'erne en udvikling i politiets holdning, fra at de ganske givet var mafiosi til at de ganske givet *ikke* var mafiosi. I anklageskriftet tages dette som et tegn på, at fætrenes indflydelse lokalt var steget væsentligt.

De to pentiti Tommaso Buscetta og Salvatore Contorno fortalte siden, at Ignazio Salvos far, Luigi Salvo, var overhoved for Salemi-mafia-familien indtil sin død i 1962, og at begge fætrene Salvo var medlemmer af Salemi-familien. Deres rolle i Cosa Nostra var beskeden, og de tog antagelig ikke del i de mange ulovlige aktiviteter. Deres betydning var primært politisk, i kraft af deres særdeles gode politiske kontakter, specielt til DC-fraktionen omkring Salvo Lima. Det var de samme politiske kontakter, de benyttede til at fastholde skatteopkrævningen på egne hænder.

Salvo'erne var internt i Cosa Nostra knyttet til Stefano Bontate og Gaetano Badalamenti, der var to af 1960'ernes og 1970'ernes ledende personer i Cosa Nostra. Buscetta, der ligeledes stod både Bontate og Badalamenti nær, havde et tæt forhold til begge Salvo'erne, som både pentito'ens tilståelser og tidligere telefonaflytninger viste. Ignazio Salvo gav Buscetta husly i julen 1980, mens Buscetta var på flugt fra politiet, og Ignazio Salvo lejede endda et privatfly til at bringe Buscettas familie til Palermo.

Når store dele af skatteopkrævningen på Sicilien og andre steder var i hænderne på mafiosi, betød det også store mængder kapital til rådighed for mafiaen. I hvilket omfang denne kapital er blevet stillet til andre mafiosi's rådighed er uklart, men dommerne i Palermo har dokumenteret, at fætrene har lånt store beløb til adskillige medlemmer af de to Greco-familier i Palermo, uden at Salvo'erne har kunnet dokumentere, at pengene skulle være blevet tilbagebetalt.

Begge fætrene blev anholdt i 1984. Nino Salvo døde af naturlige årsager før retssagen startede, men Ignazio Salvo blev idømt syv års fængsel, senere reduceret til tre. Hans betydning forsvandt dog ikke helt, da han stadig var Cosa Nostras kontaktled til Salvo Lima.

Efter fætrene Salvos anholdelse blev 26 af Salvo-Corleogruppens virksomheder, til en samlet værdi af over 48 milliarder lire, helt eller delvis konfiskeret som en konsekvens af La Torre-Rognoni loven.[5]

Hvad er en mafia-virksomhed?

Hvornår kan en virksomhed opfattes som mafiøs? Hvilke kriterier skal opfyldes? Der er selvsagt ikke enighed om dette, men fælles for de tre tidligere nævnte værker om mafiaen og erhvervslivet er betydningen af de følgende tre elementer, der karakteriserer mafia-virksomheden. De angiver tre forskellige formål, som mafiaen kan have med virksomheden, og de illustrerer forskellige former for infiltration af det legale erhvervsliv. Formålene udelukker ikke hinanden, og en given virksomhed kan tjene flere formål.

En 'dækvirksomhed' behøver ikke producere noget, men fungerer som et skalkeskjul for andre ulovlige aktiviteter. Det kan være import, raffinering, eksport eller distribution af narkotika, eller hvidvask af sorte penge.

En 'mafiøs virksomhed' er en produktiv virksomhed, som bruger 'mafiøse' metoder i konkurrencen med andre virksomheder. Med mafiøse metoder menes vold og trusler, og det er defineret ganske fint i La Torre-Rognoni loven[6].

Den tredie type er den mest omdiskuterede: den mafiafinansierede virksomhed. Mafiaens kapital har brug for et

---

[5] *ibid.*, ss. 228 og 287–9. Beløbet er i størrelsesordenen 100-200 millioner kroner.
[6] Se side 45.

udløb, og den kan investeres i fuldstændigt hæderlige virksomheder, der måske ikke engang kender pengenes oprindelse. Debatten går stort set på, om penge lugter: er det en mafia-virksomhed, hvis pengene er sorte, men forretningen drives helt lovligt, eller er det blot en mafioso, der har en sideforretning? Jeg mener dog — i lighed med Arlacchi og Santino — at det ér en mafia-virksomhed, at pengene lugter. Det afgørende må være, at både mafiaen og virksomheden drager fordel af forholdet, at det er funktionelt og ikke tilfældigt. Mafiaen får investeret kapital, der ellers ikke kan omsættes, og virksomheden får i kraft af den rigelige og ofte billige kapital en fordel, andre virksomheder ikke har.

Den lettere og billigere adgang til kapital er essentiel for mafia-virksomhederne. Andre virksomheder må ty til bankvæsenet, der som vi har set tidligere er klientelistisk styret, eller til opsparing, privat eller i virksomheden, mens mafiavirksomheden næsten uden begrænsninger kan investere og ekspandere inden for dens egen sektor eller i relaterede sektorer. Mafiaens problem er, at dens overskydende kapital fra de illegale aktiviteter er langt større end behovet for investeringer i virksomhederne. Dette kapitaloverskud kaster mafiavirksomhederne ud i en voldsom ekspansion, der ofte dirigeres over i relaterede brancher.

De ansattes position i forhold til en mafia-virksomhed er væsentligt svagere end over for en almindelig virksomhed. Ledende stillinger i virksomheden vil normalt bliver besat af medlemmer af mafia-familien eller deres slægtninge, der i en familiebaseret logik er mere tillidsvækkende end andre. Ansættelse af udenforstående sker efter klientelistiske metoder, sådan at den ansatte forventes at gengælde tjenesten, for eksempel ved at stemme ved valgene som ønsket af arbejdsgiveren. Fagforeningsaktiviteter er bandlyste, med mindre ledelsens folk også leder de aktiviteter, og store dele af arbejdet bliver udført af løst ansatte eller sort arbejdskraft, hvorved sociale- og pensionsbidrag spares. Arbejdskraften kan også flyttes rundt, så de ansatte ikke bor hjemme i ansættelsesperioden og måske ikke engang ved, hvilket firma de arbejder for på et givent tidspunkt. Den metode er specielt udbredt ved ansættelse af illegale indvandrere.

I en konkurrencesituation vil en mafia-virksomhed ikke nøjes med at konkurrere på pris, kvalitet og pålidelighed. Hele det magtapparat, som virksomhedens mafia-ejere besidder, vil blive brugt imod konkurrenterne, indtil de trækker sig eller bukker under. For en veletableret mafia-familie vil det dog langt fra altid være nødvendigt at gribe til vold. Er familiens ry stort nok, vil alene viden om familiens interesse i en given ordre være nok til at holde konkurrenterne på afstand. Fraværet af vold i en given branche i et givent område er derfor ikke nødvendigvis et udtryk for at mafiaen ikke er tilstede. Det kan også betyde, at den er så velfunderet, at dens magt reelt ikke bliver truet. Brugen af vold i konkurrencen fungerer i praksis som en toldbarriere omkring mafia-virksomhederne. De almindelige virksomheders omkostninger øges, og mafia-virksomhedernes konkurrenceevne forbedres tilsvarende.

Infiltration af det legale erhvervsliv

Mafiaens entré i legale virksomheder kan ske på flere forskellige måder. Den simpleste er at oprette sin egen virksomhed, men den er problematisk for mafiosi, der er kendte af myndighederne. De er typisk under overvågning, i internt eksil eller eftersøgte af politiet, og virksomheder med kendte mafia-forbindelser kan ikke deltage i mange offentlige arbejder ifølge La Torre-Rognoni loven. De må da ty til stråmænd, som de oftest finder blandt den nærmeste familie eller nære venner. For mafiosi, der ikke er kendte af myndighederne, er oprettelsen eller overtagelsen af en legal virksomhed langt den letteste vej frem, som vi vil se i det følgende eksempel om entreprenøren Rosario Spatola.

Mafiaen kan også tiltvinge sig vej ind i det legale erhvervsliv af bagdøren, ved at påtvinge eksisterende virksomheder mafiaens kapital og 'hjælp'. Det kan gøres med trusler mod ejeren eller attentater mod virksomhedens materiel. Enten vil ejeren give sig frivilligt og acceptere samarbejdet med mafiaen, der også har sine fordele, eller også vil virksomhedens arbejde gå i stå, indtil ejeren er død, virksomheden gået konkurs eller kommet i så alvorlig uføre, at ejeren er tvunget til at acceptere mafiaens deltagelse. Denne form for infiltration fører sjældent til ændringer i det formelle ejerskab, så den nye indflydelse bevares hemmelig.

Mafiaens infiltration er ikke lige stor i alle brancher. De foretrukne brancher er de, der er mest givtige og samtidig lettest modtagelige for mafiaens specielle midler. De skal give mulighed for investering af større mængder kapital af uklar oprindelse, arbejdskraften skal helst være let udskiftelig og ansat i perioder, og arbejdet skal være af en sådan art, at vold og attentater med fordel kan anvendes mod konkurrenterne.

De klassiske sektorer er byggebranchen og turismen (hoteller, campingpladser, med mere), men også opgaver, der kræver en tilstedeværelse overalt i byerne, som for eksempel renovation eller vedligeholdelse af veje, kloaker og gadebelysning, har vist sig sårbare over for mafiaens ekspansion.

Naturligt nok hører de fleste mafia-infiltrerede virksomheder hjemme på Sicilien, men mafiaens forretningsaktiviteter er ikke længere begrænsede til Sicilien eller blot Syditalien. Mange i Norditalien ønsker at se mafiaen som et syditaliensk problem, og det vakte derfor stor bestyrtelse i pressen, da det for få år siden blev afsløret, at mafiaen stod bag et nybygget parkeringshus i Milano, og at parkeringshuset også, ud over som investeringsobjekt, havde en væsentlig funktion for mafiaens narkotikahandel.

Som tidligere nævnt er der en tendens til, at personer med et tilhørsforhold til den mafia-familie, der kontrollerer en virksomhed, også besætter de ledende poster i virksomheden. På samme måde som mafia-familien kontrollerer sit territorium med magt, vil den forsøge at kontrollere konkurrencen i de brancher, hvor den er aktiv. Da metoderne er de samme, der bruges til at tiltvinge sig kontrol over en normal virksomhed, kan den konkurrerende virksomhed enten elimineres eller indkorporeres i mafia-familiens økonomiske interesser, hvilket gradvis vil føre til en monopolisering af branchen på familiens territorium.

Ligeledes vil familien forsøge at etablere en kontrol over tilknyttede markeder, igen for at eliminere uønsket konkurrence og sikre sig størst mulig kontrol over de økonomiske aktiviteter på deres territorium. En familie, der er aktiv i byggebranchen, vil derfor forsøge at etablere kontrol over leverandørerne af byggematerialer, over virksomheder, der udfører støtteopgaver for byggeriet (for eksempel kloakering og elektricitet), over leverandørerne af udstyr til køkkener og sanitært udstyr, og så videre.

Kort sagt så bringer mafiaen sine egne metoder og organisationsformer med sig ind i det legale erhvervsliv. Metoderne er primært en funktionel anvendelse af vold og trusler, og mafiaens organisationsformer baserer sig på familierelationer og funktionelt venskab.

Eksempel: Rosario Spatola

Rosario Spatola var capo for en af de mafia-familier, der var dybest indvolverede i 1970'ernes narkotikahandel. Spatolas familie var tæt knyttet til familierne Inzerillo, Bontate, Badalamenti og Gambino, gennem talrige ægteskaber, ofte mellem fætre og kusiner, gennem flere generationer. Flere af familierne havde forgreninger i U.S.A., som for eksempel

Gambino-familien i New York, der var vigtig for narkotikahandelen mellem Sicilien og U.S.A., hvor det største marked var. De mafia-familier, der domineredes af de fem familier, fungerede på grund af slægtsforbindelserne som én gruppe, selv om at de formelt set var flere mafia-familier.

Arlacchi skønner mafia-familiernes samlede formue, der primært stammer fra den narkotikahandel, medlemmer af de fem familier var engagerede i, til at være over tusinde milliarder lire i 1982[7].

Gruppen viste en udstrakt grad af specialisering, hvor forskellige personer stod for import af heroinbase, raffineringen, transporten til U.S.A., salget og hvidvaskningen af pengene. Det var primært denne sidste funktion Rosario Spatola opfyldte.

Rosario Spatolas karriere påvirkedes klart af de mange narkotikapenge. I 1950'erne var han mælkemand og fortyndede mælken; midt i 1960'erne deltog han i byggespekulationen med et lille entreprenørfirma; i 1970'erne var han lige pludselig blevet en af Siciliens vigtigste forretnings- og finansmænd; i marts 1980 blev han anholdt og sammen med over tredive andre fra familierne Spatola og Inzerillo sigtet for narkotikahandel og kidnapning. Spatola-processen var den første succesfulde retssag mod mafiaen, og der faldt meget hårde domme, der siden blev bekræftet af appelretten.[8]

Spatolas vigtigste virksomhed var et byggefirma, et af de største i Palermo med over 600 ansatte. Han vandt i 1978 licitationen på bygningen af 422 lejligheder for IACP, hvis præsident på det tidspunkt var Vito Ciancimino. Et firma fra Trieste, Delta Costruzioni, havde vundet en licitation på

---

[7]Arlacchi, *La mafia imprenditrice* cit., s. 130. Beløbet svarer til over fem milliarder kroner.

[8]*ibid.*, s. 130 på grundlag af *Sentenza istruttoria del processo contro Rosario Spatola più 119*, Procura della Repubblica presso il Tribunale di Palermo, 1982, ss. 676–743.

opførelse af lejlighedskomplekset for IACP. Ved et offentligt finansieret projekt bliver pengene udbetalt til entreprenøren i rater, sådan at en rate først udløses, når arbejdet har nået et vist punkt. I mellemtiden må entreprenøren arbejde for egen regning eller med banklån, der på det tidspunkt forrentedes med 25%. Delta Costruzioni kunne ikke tids nok præstere de nødvendige fremskridt i arbejdet til at udløse den første rate og måtte trække sig fra projektet på grund af kapitalmangel. Spatola havde officielt fraskrevet sig projektet, og præsidenten for Delta Costruzioni havde en aftale med et andet firma, TOSI, om færdiggørelse af projektet, men han skiftede uden forklaring mening, og IACP overdrog opgaven til Spatola. Senere viste det sig, at TOSI havde været udsat for attentater, og at Spatola havde betalt 30 eller 50 mio. lire til Ciancimino for opgaven.[9]

Af andre mafia-virksomheder kan nævnes *Inzerillo Sanitari*, der handlede med toiletudstyr og blev brugt som et skjul for raffinering og eksport af heroin. Hvis firmaet også var eneleverandør af sanitært udstyr til Spatolas byggerier, ville det ikke være en overraskelse. En anden gruppe palermitanske mafiosi, Teresi'erne, har ifølge antimafia-kommissionen (1976) gennem et antal selskaber bygget elleve etageejendomme til en samlet værdi af 10 milliarder lire, uden på noget tidspunkt at have taget lån i nogen bank. Deres kassekredit var kun på seksten millioner. Teresi-familien var ligesom de andre nævnte familier dybt involveret i narkotikahandelen.[10]

De nævnte firmaer er blot nogle af mange virksomheder, de nævnte familier investerede deres penge i. Ifølge sociologen Catanzaro, der bygger på materiale fra anklagemyndigheden i Palermo, havde Badalamenti-familien etable-

---

[9] Arlacchi, *La mafia imprenditrice* cit., ss. 122–3; og Santino mfl., *L'impresa mafiosa* cit., ss. 208–9.
[10] Arlacchi, *La mafia imprenditrice* cit., s. 123.

ret ti firmaer til formålet, Bontate-familien elleve firmaer og Spatola-Inzerillo treogtyve. I alle tilfælde drejer det sig kun om de firmaer, for hvilke anklagemyndigheden i Palermo har kunnet dokumentere tilhørsforhold og funktion.[11]

De offentlige udgifter og arbejder

Italien har en gammel tradition for at udbyde mange opgaver, som i Danmark løses i offentligt regi, i licitation til private virksomheder. Således udliciteres opgaver som vedligeholdelse af veje, kloaker og gadebelysning, større offentlige byggerier (som for eksempel Palermos lufthavn Punta Raisi), drift af havne, og så videre. Selv skatteopkrævningen skete som beskrevet tidligere gennem private virksomheder.

Midlerne til det offentliges aktiviteter kommer ikke alene fra sicilianernes skatteindbetalinger. Sicilien har i hele efterkrigstiden modtaget udviklingsstøtte fra et utal af nationale udviklingsfonde, blandt andet *Cassa per il Mezzogiorno*. Ifølge statutten for regionen Sicilien overfører staten også store summer til regionen beregnet til forbedringer af infrastrukturen, skolesystemet og andre offentlige serviceydelser.

Midlerne fordeles gennem et antal regionale selskaber, der står for landindvinding, landbrugsstøtte, infrastruktur, støtte til skovdrift, konstruktion af socialt boligbyggeri, industristøtte og meget mere. De ledende stillinger i disse selskaber, der udpeges politisk, bliver da væsentlige positioner i det klientelistiske system. Principielt burde fordelingen af de offentlige opgaver ske ved åbne licitationer, hvor alle interesserede kunne byde og borgerne kontrollere, at deres penge blev anvendt bedst muligt, men det ville ikke være hensigtsmæssigt set fra et klientelistisk synspunkt. Skal de

---

[11]Catanzaro, *Il delitto come impresa* cit., s. 252.

offentlige arbejder kunne bruges klientelistisk, skal fordelingen af dem kunne styres fuldstændigt.

Det offentliges opgaver kunne kontrolleres på mange forskellige måder. Francesco Vassallo vandt en licitation på bygning af en kloak, da alle konkurrenterne på mystisk vis trak deres tilbud tilbage,[12] og Vito Ciancimino startede sin karriere som forretningsmand med at få en koncession på transport af jernbanegods i Palermo, hvor han udnyttede sine politiske forbindelser til at få konkurrenterne erklærede uegnede til at løse opgaven. I begge tilfælde endte det med lukkede forhandlinger mellem på den ene side byderne og på den anden side kommunen og jernbanerne, udelukkende til fordel for de første.[13] Begge disse eksempler er fra starten af 1950'erne og de viser, at misbrug af offentlige opgaver ikke er en ny ting. Blot er betydningen heraf øget.

For vedligeholdelsesarbejder, der skal løses kontinuerligt, kan kontrakterne udarbejdes sådan, at de forlænges automatisk, hvis de ikke opsiges inden en vis frist. Arturo Cassina, en af de gamle godsejere, stod således for vedligeholdelsen af kloaker og veje i Palermo gennem årtier, fordi Ciancimino gennem kontrollen med det relevante assessorat sikrede, at kontrakten ikke blev opsagt, hvorefter byrådet blev præsenteret for en fuldbyrdet kendsgerning og måtte acceptere, at kontrakten skulle løbe endnu ni år.[14] Kontrakten kunne således fastholdes selv i modstrid med byrådets flertal, mens Cassina konsekvent udliciterede arbejdet i de enkelte kvarterer til de lokale mafiosi.

Francesco Misiani arbejdede sidst i 1980'erne for højkommissæren for kampen mod mafiaen, hvor han undersøgte sager om svindel med offentlige arbejder. Han opdagede, at fra sidst i 1970'erne blev der kun i sjældne tilfælde svindlet med

---

[12]Se side 114.
[13]Tranfaglia, *Mafia, politica e affari* cit., ss. 86–90 og 177.
[14]*ibid.*, s. 179.

selve fordelingsproceduren, og opgaverne gik til de bedste tilbud. Den offentlige del af proceduren var normalt formelt korrekt. Opgaverne blev derimod manipuleret gennem en eller begge af to teknikker. Den ene bestod i gentagne forlængelser af tidsfristen for afslutningen af opgaven med tilhørende revisioner af budgettet, hvorved entreprenøren fik en større fortjeneste. Den anden fordrede, at det udbudte projekt var inkomplet derved, at væsentlige dele af opgaven var udeladt. Efterhånden som arbejdet skred frem, blev udførelsen af de udeladte dele af projektet aftalt ved lukkede forhandlinger mellem entreprenør og bygherre. De udeladte dele kan være ganske væsentlige, som for eksempel tilkørselsveje eller kloakering. Ved at udelade teknisk vanskelige dele af projektet kan ellers ikke kvalificerede firmaer tillades at deltage i licitationen.[15]

Begge teknikker bidrager til at hæve prisen på det færdige projekt, indtil den i nogen tilfælde er mangedoblet. Der er her, som i forbindelse med byggespekulationen, tale om en uhellig alliance mellem politikerne og entreprenørerne.

Det private socialforskningsinstitut CENSIS har undersøgt fordelingen af offentlige opgaver i perioden 1985–1990 i hele Syditalien og har konstateret, at 55,4% af de offentlige opgaver blev arrangeret gennem lukkede licitationer med kun indbudte selskaber som bydere og 25,1% blev afgjort ved private forhandlinger, det vil sige uden nogen konkurrence overhovedet.[16] Det er desværre ikke muligt at slutte noget herfra specifikt om forholdene på Sicilien eller om tidligere år, men det øvrige kildemateriale, der indeholder mange beretninger om svindel og manipulation i forbindelse med de offentlige opgaver, giver ingen grund til at tro, at Sicilien

---

[15]Francesco Misiani, *Per fatti di mafia*, Angelo Ruggieri, Roma, 1991, ss. 30–31.

[16]Centro Studi Investimenti Sociali (CENSIS), *La dimensione sociale dello sviluppo*, Franco Angeli, Milano, 1993, s. 160.

skulle adskille sig væsentligt fra resten af Syditalien.

Det offentliges opgaver behøvede ikke engang at blive udbudt offentligt for at kunne udnyttes. Francesco Vassallo stod, da markedet for lejligheder var ved at være mættet, tilbage med et stort antal ejendomme, som han ikke kunne sælge. Kommunen og provinsen manglede til gengæld lokaler til skoler, for de var ofte strøget af byplanen i byggerusen, og begge lejede derfor lokaler af Vassallo, der alene i 1969 modtog næsten 400 millioner lire i leje af skolelokaler, vel at mærke samtidig med at både kommunen og provinsen havde midler, som de havde modtaget fra regionen og staten til skolebygning, stående ubrugte hen.[17]

Virksomhedernes sameksistens med mafiaen

Et af problemerne i at vurdere omfanget af mafiaens indflydelse i erhvervslivet ligger i, at virksomhederne ikke nødvendigvis er kontrolleret direkte af mafiosi, men kan være blevet tvunget til en sameksistens med mafiaen. Det behøver ikke at være helt ufrivilligt, da et sådan samarbejde også kan indebære mange fordele for den juridiske ejer af firmaet, som vi skal se i det følgende eksempel fra Catania.

Ofte indledes en sådan sameksistens mellem forretningsmand og mafia med afpresning af *pizzo*, der jo som sideeffekt skaber en kontaktflade mellem forretningsmanden og mafiaen. Denne kontakt kan udnyttes af begge parter til at bede om tjenester eller komme med gode forslag. Pentito'en Gaspare Mutolo har over for antimafia-kommissionen sagt om afpresningerne:

---

[17]Luciano Violante, (red.), *Relazione sullo stato dell'edilizia scolastica a Palermo*, Doc. XXIII, n. 6 (XI legislatura), Senato della Repubblica, Roma, 1993, ss. 67–8.

Næsten alle betaler. Når jeg hører om, at en fabrikant, en eller anden forretningsmand ikke betaler, forbavses jeg, selv om det er rigtigt, at de nægter at betale. ... Frem for alt er spørgsmålet om afpresning et spørgsmål om prestige. For tyve år siden havde [mafiaen i] hvert kvarter gavn af de 20-30 millioner, som kom ind på den måde, mens det i dag er et spørgsmål om prestige, fordi man med afpresningen træder ind i en kreds af personer, som man kun kan komme i kontakt med, hvis man har en forretning. Hvis De er en ordentlig person, og ikke driver en eller anden forretning, har jeg ingen grund til at forstyrre Dem; har De derimod en forretning eller en virksomhed, så er der grund nok til at knytte kontakt til Dem. Efter at jeg har lært Dem at kende som person, kan det ske, at De på det niveau, De befinder Dem på, er i stand til at yde mig nogle tjenester. Jeg står til rådighed for Dem og De for mig.[18]

En forretningsmand, der vælger at acceptere mafiaens indtrængen i hans virksomhed, kan opnå de samme fordele som den egentlige mafia-virksomhed. Mafiaens magtapparat vil afskærme hans virksomhed mod besværlig konkurrence og derved give ham en fordel. Ulempen er, at forretningsmanden må ofre store dele af sin handlefrihed. Han må acceptere at andre bestemmer, hvem han skal ansætte, hvilke opgaver han kan byde på, og hvilke leverandører han skal bruge. Han reduceres til en stråmand, hvis eneste funktion er at beskytte mafiaens forretninger mod de skader, som mafiaens egne kriminelle aktiviteter kan forårsage, som for eksempel forbud mod at byde på offentlige arbejder, lukning eller konfiskation af virksomheden.

Netop sagen mod Spatola viser, at mafioso'en, der i sin stræben efter respektabilitet vil stå frem, lettere bliver ramt

---

[18] Luciano Violante, (red.), *Seduta di martedì 9 febbraio 1993. Audizione del collaboratore della giustizia Gaspare Mutolo*, Commissione parlamentare d'inchiesta sul fenomeno della mafia e sulle altre associazioni criminali similari, Senato della Repubblica, Roma, 1993, ss. 1295-6. Oversættelse ved Peter Søndergaard.

af konsekvenserne af sine egne kriminelle aktiviteter. Der er en konflikt mellem virksomhedens behov for respektabilitet og legalitet på den ene side og kriminaliseringen af mafiaens magtanvendelse på den anden. Den løses bedst ved så vidt muligt at undgå personsammenfald mellem forretningsfolk og mafiosi, sådan at de formelt set er adskilte. Så længe der ikke juridisk set er bevist en sammenhæng mellem den vold, der beskytter virksomheden mod konkurrence, og virksomheden selv, kan der ikke skrides ind over for virksomheden, og den kan ikke fratages de konkurrencemæssige fordele, den uretmæssigt er kommet i besiddelse af.

Eksempel: Costanzo-gruppen i Catania

Erhvervslivet i Catania er domineret af fire store grupper: Costanzo, Graci, Rendo og Finocchiaro. Lederne af grupperne er alle blevet slået til riddere af arbejdsordenen, og de omtales ofte blot som 'ridderne fra Catania'. Costanzo-gruppen er den største af de fire med interesser inden for alt, hvad der hører byggesektoren til, og en årlig omsætning på 4000 milliarder lire, hvilket gør den til den tolvte-største gruppe i Italien. Den er også den af de fire med de tætteste forbindelser til mafiaen.[19]

Costanzo-gruppen har i hele efterkrigstiden været styret af brødrene Carmelo og Pasquale 'Gino' Costanzo. Alle de ledende poster i gruppen er besat med brødrenes sønner, nevøer og børnebørn. Da Carmelo Costanzo døde i 1990, havde intet medlem af familien været dømt for nogen forbindelser til mafiaen. Konsekvenserne er for store, som vi skal se, og Costanzo'erne er blevet næsten urørlige.

Alle fire grupper benytter sig af deres politiske forbindelser til at tilrane sig de bedste offentlige arbejder eller for at

---

[19] *L'Unità*, 3. oktober 1989. Oplysningerne er fra sidst i 1980'erne. Beløbet er i størrelsesordenen 20 milliarder kroner.

få de nødvendige tilladelser til egne projekter, og de tyr til bestikkelse, hvis det er nødvendigt. På dette punkt adskiller de sig ikke fra andre virksomheder på Sicilien; det er blot den almindelige forretningsgang. Det, der gør Costanzo-gruppen og i mindre omfang også de tre andre grupper, anderledes end andre virksomheder, er, at der hvor mafiaens tilstedeværelse vejer tungest, dér arbejder Costanzo-gruppen fuldstændig uberørt af afpresningsforsøg, attentater, og andre former for mafia-vold. Costanzo-gruppen lader til at være immun.

Som et eksempel på udnyttelsen af de offentlige arbejder kan tages bygningen af lufthavne i flere byer på Sicilien, der er en af de sager, Francesco Misiani undersøgte for højkommissæren for kampen mod mafiaen. Det drejer sig om mindst fire lufthavne til en værdi af 30 milliarder lire og forventet afslutning efter 32 måneder. Opgaven blev ved åben licitation vundet af et konsortium bestående af grupperne Rendo, Costanzo og Graci tilsyneladende uden manipulation. I forbindelse med udførelsen blev perioden forlænget systematisk, indtil afslutningen var blevet udskudt to år. Samtidig var adskillige delopgaver udeladt af det oprindelige udbudsmateriale, blandt andet omlægningen af en kommunal vej, konstruktion af en transformatorstation til elforsyningen samt installation af apparatur til rensning af udstødningsgasser. Havde de været inkluderet, ville det have givet projektet en helt anden karakter. Udførelsen af disse delopgaver blev aftalt ved private forhandlinger mellem udbyderen og konsortiet. Ved afslutningen var den samlede pris på opgaven tredoblet.[20]

Forholdet mellem Costanzo'erne og mafiaen i Catania blev afsløret af pentito'en Antonino Calderone, der frem til 1983 var centralt placeret i den catanesiske mafia-familie. Hans bror Pippo var en af lederne af mafia-familien i Catania og

---

[20]Misiani, *Per fatti di mafia* cit., ss. 32–33.

Nitto Santapaola. Mafia-familien i Catania, der altid har været ganske lille, var oprindeligt ledet af Pippo Calderone, der var allieret med Stefano Bontate i Palermo. Som en del af optakten til den anden mafiakrig blev Pippo i 1978 myrdet af Santapaola, der efter aftale med corleoneserne overtog ledelsen af Catania-familien. Santapaola ses her ved sin anholdelse i 1993. Han afsoner nu adskillige livstidsdomme.

Foto: Studio Camera/Giacomino Foto.

blandt grundlæggerne af mafiaens regionale råd *L'Interprovinciale*, som han ledede i nogle år. Han blev myrdet i 1978, sandsynligvis af Nitto Santapaola, der efterfulgte ham som familieoverhoved. Antonino Calderone, der frygtede at dele brorens skæbne, flygtede i 1983 til Frankrig, hvor han blev anholdt i 1987. Herefter begyndte han at samarbejde med myndighederne.[21]

Calderone fortæller om forholdet:

> Ridderne af arbejdsordenen i Catania har aldrig været ofre for mafiaen, i hvert fald ikke så længe jeg var der. Sikkert, der er en forskel mellem en Rendo på den ene side, og en

[21] Arlacchi, *Gli uomini del disonore* cit.

Costanzo på den anden. Men grundlæggende benyttede de sig alle af at være knyttet til os. Nu siger de, at de ikke kender os.

⋮

Det [at være allieret med mafiaen] ville sige at kunne arbejde i fred og tjene mange penge, uden risikoen for at se sine køretøjer skadet, uden strejker, der stopper dig midt i arbejdet, uden de krav om tangenti, som selv den sidste af mafiosi'ene føler sig berettiget til at stille enhver, der investerer på hans territorium.

⋮

For vores familie var fordelene fra venskabet med ridderne af arbejdsordenen, alting iberegnet, marginale. Småting, smuler. Costanzo'erne kendte vores svage punkter, vores små passioner, vores forfængelighed, og de kompenserede derfor for det. De var dygtige til at give os erkendtligheder, der kun kostede dem lidt eller intet, men som i vores øjne kunne virke tilstrækkelige. De kendte vores passion for jagt, for eksempel.

⋮

Costanzo'erne vidste, at vi kunne lide vigtige personers selskab, de mægtige, samt samværet med andre store kanoner fra mafiaen. Og så arrangerede de møder, middage og jagtudflugter ...[22]

I forhold til Costanzo'ernes velstand blev mafiosi'ene måske snydt, men de fik dog en del. Antonino Calderone, hvis officielle indkomst kom fra en tankstation, solgte store mængder olie og benzin til gruppens virksomheder, blandt andet til opvarming af Costanzo-gruppens udlejningsejendomme, og de købte alle deres køretøjer af Nitto Santapaola, der havde en koncession på salg af Renault på Sicilien.

Pippo Calderone og senere Nitto Santapaola udførte flere opgaver for Costanzo'erne: formidling af kontakter til un-

---

[22] *ibid.*, ss. 188–9 og 196–7.

derverdenen; pression mod besværlige personer; chikane af konkurrenterne. Pippo Calderone fungerede som en slags ambassadør for Costanzo-gruppen i forhold til andre mafiafamilier. Når Costanzo-firmaer skulle arbejde uden for Catania, tog Pippo Calderone derhen, kontaktede den lokale mafia-familie, fandt en god byggeplads og sikrede sig, at den mod betaling blev beskyttet af den lokale mafia-familie. Det meste af arbejdet blev udført af små lokale firmaer og håndværkere, der selv henvendte sig for at få en del af arbejdet. Fordelingen skete ved små uformelle licitationer, hvor den lokale mafia-families virksomheder havde den fordel, at de blev informerede om de andres bud. Så kunne de altid give et bud, der var en anelse lavere, sådan at situationen kunne forklares for de andre. På den måde kunne Costanzo-gruppen altid arbejde i fred, samtidig med at Pippo Calderones prestige steg internt i mafiaen, fordi han altid bragte penge og arbejde med sig, hvor han kom frem.[23]

En anden form for problemløsning illustreres af en episode fra 1973 om nogle bropiller til en motorvejsbro. Broen var bygget af et Costanzo-firma, men nogle af bropillerne var ikke funderede ordenligt, så der var risiko for, at de ville synke. En landmåler, som Costanzo havde fyret, truede med at give oplysningerne til vejvæsenet, hvis han ikke fik en halv milliard lire. Han havde allerede arrangeret et inspektionsbesøg med vejvæsenet, men en 'samtale' med Pippo Calderone gjorde, at landmåleren ikke dukkede op til inspektionen, og kontrolmålingerne fandt sted på de forkerte bropiller.

Ifølge Calderone benyttede Costanzo'erne sig bevidst af mafia-kontakterne til at genere konkurrenterne, specielt ærkefjenden Rendo, som Calderone mener Costanzo var misundelig på, fordi Rendos politiske kontakter var bedre, og fordi han åbenbart var en dygtigere forretningsmand. Samtidig bidrog mafiaens aktiviteter til at øge omkostningerne for ikke-

[23] *ibid.*, ss. 189–91.

sicilianske virksomheder, fordi de ikke havde den nødvendige beskyttelse. Deres omkostninger steg, og de sicilianske virksomheder drog fordel deraf, „og sådan blomstrede de lokale virksomheder, som ikke var underlagt mafia-risikoen, fordi mafiaen, den havde de allerede i sig"[24].

Det kan umiddelbart se ud som om, at mafiosi'ene i virkeligheden ikke havde særlig stor indflydelse på og nytte af Costanzo'ernes forretning, specielt da de ikke blev rige på samarbejdet. Det blev derimod Costanzo'erne. Men lader man være med at gøre alt op i penge, har mafiosi'ene opnået meget, særdeles meget. Taget i betragtning, at Antonino Calderone, hans bror Pippo samt Nitto Santapaola, der har domineret Catania-familien gennem tredive år, alle kom fra ludfattige familier i byens værste kvarterer, så har de realiseret en utrolig social opstigen. De har opnået at omgås byens mest velhavende familier, at bo gratis på Costanzos luksusturisthotel, hvor de var i selskab med Costanzo'ernes forbindelser inden for national- og lokalpolitik, dommerstanden og politiet, og de gik på jagt i Costanzo'ernes og Graci'ernes private jagtterritorier. Når man kunne leve et sådant liv, hvorfor skulle man så bekymre sig om penge?

Betydningen for Costanzos aktiviteter var derimod meget reel. Uden den indsats, som Pippo Calderone og Nitto Santapaola ydede, ville Costanzo-gruppen ikke have kunnet arbejde i det omfang, den rent faktisk gjorde, hverken i Catania eller udenfor. Mens Costanzo stod for det politiske og tekniske arbejde ved at skaffe og udføre opgaverne, så styrede mafiaen de logistiske funktioner, uden hvilke virksomhederne ikke ville kunne arbejde, eller mere præcist, uden hvilke mafiaen ville sørge for, at virksomhederne ikke kunne arbejde.

---

[24] *ibid.*, ss. 187–8 og 195–6.

Betydningen af mafiaens entré i erhvervslivet

Hvad betyder det for erhvervslivet og økonomien, at mafiaen blander sig? Som allerede nævnt sker der en monopolisering omkring mafia-virksomhederne, der holder andre ude af deres område, og der sker en spredning til nabobrancherne, indtil mafiaen kontrollerer hele sektorer af økonomien.

Giovanni Falcone, der var dommeren bag efterforskningen af Spatola og Inzerillo-familiernes narkotikahandel, vurderede i 1982 på en konference for dommere og politifolk om efterforskning af mafia-sager:

> ... mafia-organisationerne kontrollerer fuldstændigt hele byggesektoren i Palermo, fra stenbruddene til cementproduktionen til firmaerne, der jævner grundene, til betonfabrikkerne, til lagrene af armeringsjern, til handel med sanitære installationer og så videre ... entreprenørerne er enten selv mafiosi eller må lide under mafia-organisationernes overgreb. Det er sigende, at i forbindelse med den igangværende mafia-krig er der i byggebranchen konstateret ændringer i ledelsen af virksomheder, som derved er kommet under kontrol af medlemmer af familier på den „vindende" side.[25]

Den mafia-krig, Falcone henviser til, er den anden mafia-krig i årene 1981–1983, der næsten udslettede flere af de mafia-familier, vi indtil nu har beskæftiget os med.

Den vækst som Spatolas og Costanzos virksomhed har haft, kan ikke forklares med en generel vækst på Sicilien i samme periode. Der var ikke noget generelt opsving, og mafiaens øgede tilstedeværelse kan kun forklares ved, at de har skubbet andre ud, som Calderone har beskrevet det om de små firmaer, der udførte arbejder for Costanzo-gruppen.

[25] Arlacchi, *La mafia imprenditrice* cit., s. 114.

Det er i sagens natur vanskeligt at komme med præcise kvantitative vurderinger af omfanget af mafiaens økonomiske indflydelse i det legale erhvervsliv, specielt fordi meget af indflydelsen er skjult, men der findes nogle indikatorer. Antimafia-kommissionen forsøger sig ved at kombinere oplysninger om byggeaktivitet og kreditgivning:

> Mellem 1971 og 1981 blev der i Palermo og i provinsen bygget ejendomme med i alt 584.000 rum, heraf 290.000 ude i provinsen og 230.000 i selve byen. I hele den undersøgte periode har bidraget fra IACP [det vil sige finansieret af det offentlige] været på kun 54.000 rum. Den samlede udgift ligger i omegnen af 3.000 mia. Ifølge bankfagforeningernes skøn har byggelån kun bidraget med 400 mia. Hvorfra er de manglende 2.600 mia. kommet?[26]

De fordele, mafia-virksomhederne har i forhold til almindelige virksomheder, forsvinder ganske i forhold til andre mafiavirksomheder. De konkurrerer på mere lige fod, men konkurrencen får mere voldeligt præg og kan udarte sig til en egentlig krig, hvor vinderen er den, der har det største militære potentiale. Når mafiaen dominerer en branche, fordeles kontrollen af den groft taget efter de forskellige mafia-gruppers indbyrdes militære styrke.

I Calabrien har Arlacchi konstateret en markant stigning i volden i konkurrencen mellem mafia-virksomheder i perioden 1970–1982. I nogle egne har udviklingen været så grel, at konkurrencen mellem virksomhederne er reduceret til blodige familiefejder.[27] Denne udvikling har ikke været fremherskende på Sicilien, hvor en begyndende koordinering af mafiaens aktiviteter virkede dæmpende på konflikterne.

Som beskrevet i kapitel 2 var rekonstruktionen af Cosa Nostra allerede så småt i gang i starten af 1970'erne, og organisationens organer var et mødested for alle de vigtigste

---

[26]Violante, *Relazione sui rapporti tra mafia e politica* cit., s. 25.
[27]Arlacchi, *La mafia imprenditrice* cit., ss. 180ff.

grupper i mafiaen. Netop eksistensen af et kendt forum til mægling af konflikter og en rimelig veldefineret kommandovej har været medvirkende til at undgå megen blodsudgydelse. Det er en af de væsentligste forskelle mellem mafiaen på Sicilien og 'Ndrangheta'en i Calabrien, der ikke har den samme overbygning. Det betyder dog langt fra, at der ikke ofte har været konflikter mellem mafia-familier, også voldelige, men konflikterne mellem de store grupperinger blev undgået gennem en lang periode, frem til den omfattende mafia-krig i starten af 1980'erne.

Opsummering

Byggeboom'et var kun starten på mafiaens indtrængen i det legale erhvervsliv. Mafiaens store indtægter fra narkotikahandelen blev investeret i det legale erhvervsliv og bidrog til at skaffe mafiaen en meget stor indflydelse på erhvervslivet og ofte også en direkte deltagen deri, som tilfældet Spatola dokumenterer. Som altid var udviklingen mere markant på Vest- end på Østsicilien.

Indtægterne fra mafiaens illegale aktiviteter var dog ikke mafiaens eneste grundlag. Mafiaens vilje til at anvende vold tvang mange forretningsfolk til at acceptere en sameksistens med mafiaen, hvorved mafiaen af bagvejen skaffede sig kontrol over virksomhederne. Tilstandene i Catania er karakteristiske og langt fra enestående. Den politiske favorisering af mafiaen, som byggeboom'et var et udtryk for, ophørte heller ikke, og virksomheder, der var under mafiaens kontrol, blomstrede takket være offentlige arbejder.

Den forretningsmæssige konkurrence mellem mafiosi og deres virksomheder førte ikke som i Calabrien til blodige fejder. Den begyndende organisering af mafiaen i Cosa Nostra lagde en dæmper på konflikterne, og de fordele, mafiaen havde tilkæmpet sig, blev ikke sat over styr i intern strid.

Narkotikaindtægterne gav mafiaen et ressourcegrundlag, der ikke var afhængigt af favorisering fra politisk hold, og mafiaen blev efterhånden til en økonomisk faktor uden for politikernes kontrol. Politikernes muligheder for at kontrollere og udnytte mafiaen, således som det skete i byggespekulationens tid, svækkedes yderligere af den krise, som det klientelistiske system blev kastet ud i af byggeboom'ets ophør. Politikernes vanskeligheder med at opfylde deres klienters forventninger og deraf følgende problemer med at fastholde deres loyalitet, forskubbede balancen mellem patron og klient i den sidstes favør. Med store mængder kapital til rådighed og kontrol over mange og ofte store virksomheder, blev mafiosi'ene selv en politisk faktor af betydning, og måtte ofte regnes som hovedvælgere med kontrol over tusinder af stemmer. Ved siden af den genvundne økonomiske autonomi sikrede mafiaen sig derfor også en udstrakt politisk autonomi. Derfra var skridtet til selv at tage del i politik ikke stort.

Kapitel 7

Den politiske mafia

Den politiske mafia, som mafiaen og dens politiske kontaktflade ofte kaldes under et, er et meget varmt politisk emne i Italien og har været det i mange år. Det er først i løbet af de seneste år, der er kommet nogle fakta frem.[1]

Mafiaen har altid dyrket politiske forbindelser, forstået som klientelistiske forhold. Før skiftet fra land til by havde

---

[1] Pentiti'ene er hovedkilderne, men de har i mange år været meget tilbageholdende med at snakke om mafiaens politiske kontakter. Der findes ikke egentlige videnskabelige undersøgelser af mafiaens politiske kontakter og aktiviteter, sådan som der findes af mafiaens forretninger. Et første tilløb hertil er Nicola Tranfaglia, *La mafia come metodo*, Laterza, Roma-Bari, 1991. Det bearbejdede materiale, som findes, er oftest udpræget politisk eller direkte polemisk. Det har dels form af forsøg på at afsløre personers og organisationers kontakter og samarbejde med mafiaen, og dels form af rapporter fra parlamentets antimafia-kommission. I det omfang de ikke bygger på indicier og påfaldende sammenfald, bygger de på pentiti'enes beretninger.

Der er hidtil kun gjort få forsøg på at afdække det overordnede system i forholdet mafia-politik, heriblandt Alfredo Galasso, *La mafia politica*, Baldini & Castoldi, Milano, 1993; Gianni Cipriani, *I mandanti. Il patto strategico tra massoneria, mafia e poteri politici*, Editori Riuniti, Roma, 1993; og Sandro Provvisionato, *Segreti di mafia*, Laterza, Roma-Bari, 1994.

den lokale capo altid haft gode forbindelser til et lokalt parlamentsmedlem. Forbindelsen blev traditionelt fremvist ved spadsereture op og ned af landsbyens hovedstrøg, således at alle kunne se, at disse to personer, mafia-capo'en og parlamentsmedlemmet, kendte hinanden og kunne regne med hinanden, hvorved begges prestige og indflydelse både blev demonstreret og øget.

Denne måde at fremvise sine kontakter og indflydelse på mistede en del af sin værdi efter flytningen til byerne, hvor folk var mere anonyme, men fænomenet fortsatte helt op til 1960'erne i Palermos *borgate* (landsbyerne, der på det tidspunkt var ved at blive opslugt af byens vækst). Det sidste kendte tilfælde af en politikers åbenlyse demonstration af mafia-forbindelser var i 1963, få dage efter bilbomben i Ciaculli[2]. Herefter var mafiaen så kompromitteret, at et for åbenlyst forhold til den var en politisk risiko, så det måtte foregå mere i det skjulte, men der var mange politikere, der vedblev med at dyrke mafiaens venskab.[3]

Mafiaens politiske behov

Mafiaen har to vigtige behov, der kan opfyldes eller afhjælpes gennem en politisk indsats. Den har kontinuerligt problemer med politiet og retsvæsenet, og selv om det ikke er problemer, der kan *løses* politisk, så kan både politiets og retsvæsenets arbejde påvirkes og generes gennem politisk pression, bestikkelse og vold. Mafiaen har derfor brug for politiske kontakter, der er i stand til at påvirke politiet og retsvæsenet. Da disse hører under staten, skal kontakterne have indflydelse i Rom, i regeringen og i ministerierne.

Det andet behov knytter sig til de offentlige arbejder, der primært sættes i gang af regionen, kommunerne eller

[2] Se side 40.
[3] Tranfaglia, *Mafia, politica e affari* cit., s. 171.

statslige organer som *Cassa per il Mezzogiorno*. Regionen er vigtig, da netop regionen Sicilien har ekstraordinært store beføjelser og større økonomiske ressourcer end nogen anden region i Italien. Mange opgaver, specielt vedligeholdelse i byerne, ligger i kommunerne. Her er behovet kontrol over eller indflydelse på de politikere og embedsmænd, der tager beslutningerne.

Mafiaens behov for politisk indflydelse eller opbakning dækker både det nationale, regionale og lokale niveau, men de opgaver, mafiaen skal have løst, er forskellige. De nationale kontakter skal sikre mafiaen straffrihed, mens de regionale og lokale kontakter skal sikre den arbejde og indtægter.

Mafiaens politiske betydning

Mafiaens betydning og vægt i det politiske liv afhænger direkte af, hvor mange penge og stemmer den kan bidrage med. Direkte økonomisk støtte til partierne har ikke efterladt sig mange spor, men givet mafiaens økonomiske ressourcer og de nære kontakter til mange politikere, er der ingen tvivl om, at mafiaen har støttet sine kandidater og partier såvel med penge som med stemmer. Overdragelsen af pengene er nok enten sket personligt, kontant og uden megen opmærksomhed, eller også er de overført mellem to udenlandske konti, sådan som det også er foregået i forbindelse med korruptionsskandalerne i Norditalien. Derved holdes overførslerne hemmelige for offentligheden og skattemyndighederne.

Mafiaen støttede primært de kristelige demokrater, men også dets mindre allierede modtog støtte fra mafiaen. De fleste pentiti giver udtryk for, at mafiaen støttede næsten alle partier, hvis det kunne betale sig. De eneste undtagelser var partier, som de betragtede som totalitære: fascisterne og kommunisterne. De ældre pentiti antyder, at fascisternes meget hårdhændede repression af mafiaen i 1920'erne og 1930'erne havde ramt hårdt, og at det ikke var glemt. Kommunisternes meget aktive kamp mod mafiaen gav ingen mulighed for sameksistens.

Hver mafia-familie havde sit foretrukne parti og sine foretrukne kandidater: Catania-familien støttede ifølge Calderone socialdemokraten Giuseppe Lupis, og da han døde, arvede hans sekretær Aurelio Bonomo stemmerne, selv om et andet socialdemokratisk parlamentsmedlem direkte henvendte sig for at få 'arven'. Samme pentito beskriver, hvordan Giuseppe Di Cristina, capo i Riesi i provinsen Caltanissetta, støttede DC, for hvem hans bror var borgmester. Efter Ciaculli-bomben i 1963 udrensede DC de værste mafiaelementer, og Di Cristina gik i 1968 over til republikaneren Aristide Gunnella, som han støttede til sin død i 1978.[4]

Ellers gik det meste af mafiaens støtte til de kristelige demokrater, i særdeleshed Salvo Lima, der blev støttet af Stefano Bontate, men også andre af de unge tyrkere levede ifølge pentiti'ene på mafia-stemmer, således Giovanni Gioia, Giovanni Matta og Vito Ciancimino.

Mafiaens politiske betydning er svær at vurdere, men pentiti'ene giver nogle oplysninger, som vi dog ikke har nogen mulighed for at kontrollere. Pentito'en Leonardo Messina, der var *capo decina* i mafia-familien i San Cataldo i provinsen Caltanissetta, angiver, at han kontrollerede 500 stemmer, og at familien i alt kontrollerede 3000.[5] San Cataldo er en lille by med 20.000 indbyggere, så hvis tallene står til troende, var det en anselig kontrol, mafia-familien udøvede: ikke

---

[4] Arlacchi, *Gli uomini del disonore* cit., ss. 213–4.
[5] Luciano Violante, (red.), *Seduta di venerdì 4 dicembre 1992. Audizione del collaboratore della giustizia Leonardo Messina*, Commissione parlamentare d'inchiesta sul fenomeno della mafia e sulle altre associazioni criminali similari, Senato della Repubblica, Roma, 1992, s. 552.

under 15% af stemmerne.[6] Antonino Calderone har lavet følgende skøn af mafiaens politiske vægt, på grundlag af hans kendskab til den palermitanske mafias størrelse:

> Politikerne er altid kommet til os, for vi råder over mange, rigtig mange stemmer. For at få en idé om hvor meget mafiaen betyder ved valgene, er det nok at tænke på familien Santa Maria del Gesù [Stefano Bontates familie i Palermo], en familie med 200 egentlige medlemmer: en overvældende slagstyrke, specielt når man tager i betragtning, at hver mand af ære, mellem venner og slægtninge, kan råde over andre 40-50 personer. Mændene af ære i Palermo provinsen er mellem 1500 og 2000. Gang med 50, og I kommer til en pæn pakke på 75-100.000 stemmer, der kan orienteres mod venligsindede partier og kandidater.[7]

Hans tal stemmer med andre skøn, men det forbliver skøn, og der er ingen muligheder for at kontrollere dem. Tallene skal ses i forhold til en samlet befolkning i provinsen på cirka 1,2 million, heraf 600-700.000 i byen Palermo.

Salvo Lima, hvis nære forbindelser til mafia-kredse i Palermo er særdeles veldokumenterede og har været kendte i årtier, har ved tre nationale parlamentsvalg fået 80-100.000 personlige stemmer i Palermo by, og da han i 1979 skiftede til Europa-parlamentet, fik han over 300.000 stemmer. Befolkningens størrelse taget i betragtning er disse stemmetal særdeles høje. Da DC stort set ikke havde nogen partiorganisation i Palermo, og Lima aldrig holdt valgmøder eller optrådte offentligt, kan man kun undre sig over, hvordan han fik så mange stemmer. Lignende betragtninger kan gøres for Ciancimino, Gioia og mange af de andre magtfulde sicilianske politikere. Fælles for dem alle er, at de altid fik mange

---

[6] Befolkningstallene for de nævnte lokaliteter på Sicilien er hentet i folketællingen fra 1971: *ISTAT: 11º Censimento generale della popolazione* (1971), vol. III, fasc. 19 (Sicilia).
[7] Arlacchi, *Gli uomini del disonore* cit., s. 212.

stemmer, øjensynligt uden nogen aktiv indsats, men hemmeligheden er naturligvis, at de havde folk til det. Hvem 'folk' er, vides ikke præcis, men mange mener, og pentiti'ene støtter det, at de blandt andet er mafiaen.

Andre politiske midler

Mafiaens muligheder er ikke begrænset til bestikkelse og klientelistisk handel med stemmer. Som i forretningsverdenen har mafiaen også andre midler til rådighed.

Mafiaen anvender om nødvendigt vold mod sine politiske modstandere. Det kan ske på flere planer. På det laveste plan kan mafiaens kontrol med lokalsamfundene bruges til at styre, hvem der fører valgkamp hvor, men det er sjældent nødvendigt i praksis, da modstanderne ikke vil få mange stemmer alligevel. Politiske modstandere kan også intimideres eller myrdes, hvis de bliver for farlige for mafiaens interesser. Mafiaen myrdede snesevis af fagforeningsfolk og lokalpolitikere i årene omkring 1950, fordi de forsøgte at organisere landarbejderne og agiterede for landreformer, men ellers skal man op omkring 1980, før politiske mord og attentater igen blev almindelige. En anden form for politisk vold er terroristhandlinger, som for eksempel bilbomber, der placeres på mere eller mindre tilfældige steder. De er ikke rettet direkte mod politiske modstandere, men sigter på at diskreditere eller på anden måde svække dem. Mindre dramatisk er muligheden for at intimidere folkevalgte til at adlyde. Antonino Calderone beretter for eksempel om et lovforslag i regionalforsamlingen i 1960'erne, der generede mafiaen. Mafiosi forhindrede da medlemmer af forsamlingen, der kunne tænkes at stemme for forslaget, i at forlade deres hjem, så forslaget faldt.

En anden mulighed, der nok er den fortrukne i mafiaen, er direkte eller indirekte engagement eller infiltration i politik og administration. Mafiaen har mulighed for, blandt andet gennem anvendelse af de tre øvrige midler, at placere deres egne kandidater på partiernes lister og få dem valgt. På samme måde kan mafiaen placere sine egne i byernes og regionens administration samt i de offentligt kontrollerede virksomheder, hvorved den skaffer sig direkte indflydelse på administrative beslutningsprocesser og bedre kontakt til assessorer og ministre. Alternativt kan mafiaen vælge at støtte en kandidat, der står den meget nær og er villig til at gøre sig til redskab for mafiaens interesser.

Et direkte eller indirekte politisk engagement har store fordele for mafiaen, specielt på det lokale plan. Med et antal repræsentanter i byrådet, og måske endda en assessor eller to, har den lokale mafia en direkte indflydelse på alle beslutninger og en betydning i bystyret, der overstiger den rent numeriske vægt. De andre i byrådet ved, at mafiaen står bag et byrådsmedlem, og går de imod hans holdning, går de imod den lokale mafia med de mulige konsekvenser, det kan have. Regionalt og nationalt har mafiaens repræsentanter ikke helt samme position, men her ligger deres indflydelse i, at de er helt sikre stemmeslugere ved valgene og altid kan skaffe partiet penge til valgkampene, og de styrker derfor deres parti og partifraktion. Op til en valgkamp vil viljen til at fjerne kompromitterede personer fra valglisterne derfor være moderat.

Kontaktkanaler mellem mafia og stat

Hvordan skabes og vedligeholdes mafiaens forbindelser til politikere og personer i statsinstitutionerne? Givet mafiaens karakter kan politikere og embedsmænd ikke omgås mafiosi i al offentlighed, så der er brug for andre kontaktkanaler.

Catania-familien, som vi ved meget om fra Antonino Calderone, blev beskyttet gennem familien Costanzos kontakter.

Calderone fortæller:

> Vi var godt beskyttet og godt informeret. Vi beskyttede de største entreprenører mod kravene fra den lokale, almindelige kriminalitet og fra andre mafia-familier, og de beskyttede os mod generne, der kunne komme fra ordensmagten og retsvæsenet.
> Firmaet Costanzo havde mange dommere i deres sold. Det dyrkede dem af egne grunde, fordi det løbende havde problemer med retsvæsenet. ... Givet at det havde disse kontakter, brugte det dem også til at hjælpe os med retssagerne, de præventive foranstaltninger og andre ting.[8]

Calderone fortæller også, at Costanzo havde nære forbindelser til overordnede personer både hos den offentlige anklager og ved domstolene, samt at adskillige dommere boede gratis i en ejendom, der tilhørte Costanzo'erne — de fik blot en kvittering afleveret hver måned i stedet for en regning.

Calderone kan også berette om en mere underholdende kommunikationskanal. En jurist hos den offentlige anklager levede sammen med søsteren til en spåkone, der levede sammen med en mafioso. Juristens samlever kiggede i de papirer, han tog med hjem, og gav sin søster et tip, når noget interessant dukkede op. Resultatet var, at søsterens spådomme om straffesager var yderst præcise, og hendes kundekreds voksede støt, idet mafiosi'enes koner gik til hende for at høre om deres mænds fremtid.[9]

Herudover nævner mange pentiti frimurerloger som en vigtig kanal. Frimurerloger er et internationalt fænomen, men i Italien er de særdeles udbredte, både opgjort i antal loger og i antal medlemmer. Principielt burde alle sammenslutninger være kendte af myndighederne, da grundloven forbyder

---

[8] *ibid.*, s. 180.
[9] *ibid.*, s. 184.

hemmelige sammenslutninger[10], men ikke alle frimurerloger lader sig registrere, og disse loger er derfor ulovlige.

Frimurerne kommer fra mange forskellige kredse, men enkelte samfundsgrupper er specielt aktive, sådan at logerne kommer til at fungere som private, hemmelige og uformelle mødesteder for repræsentanter for statsmagten, forretningslivet og de liberale erhverv. Ud over mange forretningsfolk og politikere, finder man statslige, regionale og kommunale embedsmænd, politifolk, dommere, læger, advokater og militærfolk i logerne. Logerne har et stramt internt hierarki og hemmelige ritualer, heriblandt aflæggelse af en troskabsed om hemmeligholdelse og indbyrdes loyalitet. De er normalt lokale og er organiserede i to større grupper, *Grande Loggia d'Italia* og *Grande Oriente d'Italia*, der udgør et nationalt og internationalt system.

Hvis ledelsen af logerne ender i de forkerte hænder, og hvis de vokser sig meget store, kan de udvikle sig til hemmelige magtcentre med forgreninger, der strækker sig gennem alle dele af samfundet. Misbruges disse netværk, kan logerne blive alvorlige trusler mod den demokratiske orden. Det var for eksempel tilfældet med logen P2, *Propaganda Due*, under ledelse af finansmanden Licio Gelli. Logen har været involveret i flere forsøg på statskup og andre suspekte affærer i Italiens nyere historie. P2 er siden blevet opløst ved lov, men det er uklart om aktiviteterne også er ophørt, og logen spøger stadig i italiensk politik.

Forholdet mellem mafiaen og logerne lader til at have udviklet sig siden starten af 1970'erne. Antonino Calderone fortæller om, hvordan Catanzaro-processen[11] blev 'justeret' gennem Stefano Bontates svoger Giacomo Vitale, der var

---

[10] Fra grundlovens artikel 18: „Hemmelige sammenslutninger og de, der forfølger, også indirekte, politiske mål gennem organisationer af militær karakter, er forbudte."

[11] Se side 40.

frimurer med kontakter til dommerne. Samme Calderone beretter, som altid med broderen Giuseppe 'Pippo' som kilde, at frimurerne (det vides ikke hvilken loge) i 1977 henvendte sig til Stefano Bontate med et forslag om, at et par mafiosi fra hver provins skulle meldes ind i en skjult del af logen for at skabe bedre forbindelse mellem de to organisationer. Forslaget blev bragt op i mafiaens øverste organ, *L'Interprovinciale*, som Pippo Calderone var leder af. Meningerne var delte, men Antonino Calderone mener på grundlag af senere signaler, at det er blevet ført ud i livet.[12]

Den videre udvikling tyder også på det. Michele Sindona var en af 1960'ernes mest succesrige italienske finansmænd, med forretninger både i Italien og i U.S.A. I 1974 faldt hans finansimperium fra hinanden, da dets centrum, *Banca Privata Italiana*, krakkede, og frem til 1979 kæmpede han for sit finansielle liv. I august 1979 fingerede han en bortførelse i et forsøg på at undslippe sine kreditorer i U.S.A., og i den tid befandt han sig på Sicilien. Han blev i september 1979 dømt for at have givet ordre til mordet på kuratoren for den krakkede bank og blev senere forgivet og døde i fængslet.

Sindona var medlem af P2 og havde tætte forbindelser til logens leder Gelli. Han havde også nære forbindelser til DC, specielt andreottianerne, som han støttede økonomisk. Sindona havde meget gode kontakter til Vatikanet, dets bankvæsen og dettes leder Roberto Calvi. Endelig havde han kontakter til Bontates fløj i mafiaen. Sindona stod i et skæringspunkt mellem meget magtfulde politiske, økonomiske og kriminelle grupper.

Sindonas ophold på Sicilien er stadig omgæret af mystik, men det er dokumenteret, at både mafiosi og frimurere beskyttede ham. Blandt mafiosi'ene finder vi Stefano Bontate og Rosario Spatola, og blandt frimurere Giacomo Vitale og Joseph Miceli Crimi, en læge der arbejder som ekspert for

---

[12]Arlacchi, *Gli uomini del disonore* cit., ss. 205–7.

politiet i Palermo. En mulig forklaring på opholdet er, sådan som pentiti'ene Francesco Marino Mannoia og Gaspare Mutolo har fortalt, at Sindona havde forvaltet dele af mafiaens penge og havde sat dem over styr, måske endda forsøgt at snyde mafiaen. Pengene skulle have tilhørt Bontate, Pippo Calò, Totò Riina og Salvatore Inzerillo. Sindona blev hentet til Palermo og ville skaffe pengene tilbage ved at afpresse et stort antal tidligere forretningsforbindelser, men sagen gik i vasken, og Sindona gik fri, fordi han havde gjort alt, hvad han kunne. Corleoneserne[13] benyttede sidenhen Gelli og Calvi som finansforbindelser, og pengene blev blandt andet investeret gennem IOR, *Istituto per gli Ordini Religiosi*, der er Vatikanets bank. Calvi blev i 1981 likvideret i London, fordi han havde forsøgt at tilegne sig mafiaens penge. Mordet blev kamufleret, så det så ud som om Calvi havde hængt sig under en bro.[14]

Sidst i 1980'erne kom der flere oplysninger frem. En ransagning i Palermo i 1986 bragte medlemslister for de sicilianske frimurerloger under *Grande Loggia* frem, med over 2000 navne. Blandt disse var der flere mafiosi, herunder fætrene Salvo og brødrene Salvatore og Michele Greco. Hertil kommer Giacomo Vitale og redaktøren for Siciliens største avis samt flere andre med tæt tilknytning til mafiaen, som notaren Pietro Ferrara, der har fungeret som kontaktperson til politikere, skatterådgiveren Giuseppe Mandalari, der har været investeringsrådgiver for corleoneserne, og forretningsmanden Angelo Siino, der har haft en nøglerolle ved den mafia-kontrollerede fordeling af de offentlige arbejder på øen. De øvrige medlemmer var militærfolk (175 personer), embedsmænd (121), bankfolk (114), advokater (113), fabrikanter (62), ingeniører (49), handlende (29), entreprenører (18) og dommere (8).

---

[13]Se side 41.
[14]*Dossier Andreotti* cit., ss. 33–4 og 47.

En tilsvarende ransagning i Trapani i 1988 bragte medlemslisterne for seks frimurerloger for dagen. Også her var provinsens vigtigste mafiosi med på listerne, sammen med højtstående politifolk, militærfolk, dommere, embedsmænd og politikere. De fundne papirer dokumenterede, at frimurerne blandt andet beskæftigede sig med fordelingen af de offentlige arbejder.[15] Analyser af listerne viste, at netop i perioden 1976-80 var medlemstilgangen ekstraordinær stor, hvilket stemmer overens med Calderones beretning om frimurernes kontakt til mafiaen i 1977.

Efter opdagelsen af de to medlemslister kan der ikke længere være tvivl om det nære forhold mellem frimurerlogerne og mafiaen. Det er svært at vurdere, om logerne har vidst, at nogle af medlemmerne var mafiosi, men det ændrer ikke ved, at mafiaen har haft en effektiv kontaktkanal til stort set alle væsentlige grupper i samfundet, helt op til de øverste politiske og finansielle kredse. Helt essentielle er netop mulighederne for at møde advokater, dommere og politifolk på et personligt plan, uden hensyn til det formelle modsætningsforhold mellem mafiosi'ene og de andre logebrødre.

Frimurerlogernes interesse i kontakter til mafiaen er mere intrikate, og vi skal komme tilbage til det senere.

En organisation, der minder lidt om frimurerlogerne, er den middelalderlige korsridderorden *Cavalieri del Santo Sepolcro di Gerusalemme*, der i Palermo har centrum i domkirken i Monreale. Ridderne er udvalgt blandt Palermos ledende skikkelser og kommer fra næsten alle dele af samfundet. Personer med nære kontakter til mafiaen er rigt repræsenteret. Der er Monreales ærkebiskop Salvatore Cassisa, der for nylig er kommet i politiets søgelys, efter at det er kommet frem, at den eftersøgte Leoluca Bagarella (Riinas svoger) benyttede biskoppens mobiltelefon, hvilket ejeren havde svært

---

[15]Violante, *Relazione sui rapporti tra mafia e politica* cit., ss. 60-4; og Provvisionato, *Segreti di mafia* cit., ss. 184-6.

Bruno Contrada er den højst placerede 'muldvarp', der endnu er blevet afsløret. Han har beklædt vigtige stillinger i politiet og i efterretningsvæsenet, hvor han har haft adgang til mange vigtige oplysninger. Der har gennem mange år været rygter og mistanker om Contradas mafia-venner, men han var urørlig, indtil de turbulente begivenheder i 1992 ændrede alt. Contrada blev anholdt juleaftensdag 1992 og sidder stadig i fængsel. Sagen mod ham er endnu ikke afsluttet.

Foto: Studio Camera/Giacomino Foto.

ved at forklare; grev Arturo Cassina har en vigtig position i ordenen, men er også berygtet for sine tætte forbindelser til mafiaen; ridder er også Bruno Contrada, tidligere leder af Carabinieri'enes udrykningshold *Squadra Mobile* i Palermo, medarbejder for højkommissæren for kampen mod mafiaen og chef i SISDE (den civile efterretningstjeneste), siden julen 1992 fængslet for samarbejde med mafiaen. Giuseppe Lupis, der var Catania-familiens parlamentskontakt, var medlem af ordenen fra 1985. Ordenen har for mafiaen fungeret ligesom frimurerlogerne, med personer som de nævnte som mellemled til andre interessante personer.

Eksempel: *Operazione Milazzo*

At mafiaens indblanding i politik ikke er et nyt fænomen, demonstreres af den såkaldte *Operazione Milazzo*. *Operazione Milazzo* er den gængse betegnelse for de regionalregeringer, der 1958–60 blev dannet under forsæde af Silvio Milazzo. Det specielle ved disse regeringer var, at de var støttet af alle partier, fra det yderste venstre til det ekstreme højre, fra kommunisterne til fascisterne, *undtagen* de kristelige demokrater. Det er den eneste periode i efterkrigstiden, hvor DC har været i opposition i regionalforsamlingen.[16]

Mange af de grupper, vi tidligere har mødt, havde ifølge pentiti'ene del i operationen. Såvel mafia-familien i Catania som Costanzo'erne førte valgkamp for Milazzo; fætrene Salvo støttede Milazzo-regeringen og skaffede sig i denne tid kontrol over skatteopkrævningen, og deres andel af pengene blev hævet betragteligt; de gamle mafia-slægter Greco og Bontate i Palermo støttede også meget aktivt Milazzo.[17]

Operationen var nærmest et klientelistisk 'kup', idet de kristelige demokrater mistede kontrollen over regionens ressourcer. De forskellige dele af koalitionen styrkede deres forhandlingsposition over for de kristelige demokrater, der nødvendigvis måtte genvinde kontrollen over regionen, hvis deres klientelistiske magtbase ikke skulle smuldre væk. Resultatet blev, at de kristelige demokrater 'købte' dele af koalitionen,

---

[16] De politiske forviklinger, som *Operazione Milazzo* var en del af, er grundigt beskrevet i Francesco Renda, *Storia della Sicilia dal 1860 al 1970*, Sellerio, Palermo, 1984–1987, bd. 3, ss. 391–429. Renda var selv kommunistisk medlem af regionalforsamlingen i perioden.

[17] For Buscettas udsagn, se Arlacchi, *Addio Cosa Nostra* cit., s. 104; for Calderones, se Arlacchi, *Gli uomini del disonore* cit., s. 208, og Luciano Violante, (red.), *Seduta di mercoledì 11 novembre 1992. Audizione del collaboratore della giustizia Antonino Calderone*, Commissione parlamentare d'inchiesta sul fenomeno della mafia e sulle altre associazioni criminali similari, Senato della Repubblica, Roma, 1992, s. 286.

og regeringen faldt, fordi Salvo'erne trak deres støtte til Milazzo tilbage. Costanzo'erne, Salvo'erne og mafia-støtterne sikrede sig herefter en solid indflydelse i DC, og Salvo'erne nærmest ejede DC i Trapani-provinsen uden selv at varetage officielle hverv i partiet. Meget tyder på, at det meget nære forhold mellem Salvo'erne og først don Paolino Bontate, senere sønnen Stefano Bontate har sin oprindelse i denne periode. Netop det vedvarende gode forhold mellem dem viser, at mafiaen ikke var imod Milazzo-regeringens fald.[18]

Det er interessant, at personer fra gamle mafia-slægter som Greco og Bontate beskæftigede sig med regionalpolitik på et tidspunkt, hvor de fleste andre mafiosi tjente deres penge og etablerede deres kontakter til den nye gruppe lokalpolitikere, de unge tyrkere, gennem byggespekulationen, men der var en forskel i størrelse. Greco'erne havde været mafiosi gennem generationer, var fra gammel tid meget velhavende, og ejer stadig meget store landområder i *borgate*'ne Ciaculli og Croce Verde. Tilsvarende havde Bontate-familien meget store interesser i frugtplantagerne i Conca d'Oro, og don Paolino Bontate var en af de mest magtfulde mafialedere i Palermo by. I rollen som godsejere havde de fælles interesser med de andre godsejere, nemlig at sikre sig kontakter blandt de nye herskende grupper, hvilket vil sige de kristelige demokrater. De var mafiaens overklasse.

Kontrol over offentlige arbejder

De offentlige arbejder blev behandlet i det forrige kapitel, fra en forretningsmæssig vinkel, men der er også en politisk side af sagen. Ønsket om at opnå større kontrol med fordelingen af de offentlige arbejder og leverancer leder nemlig

---

[18]Violante, *Relazione sui rapporti tra mafia e politica* cit., ss. 52–3, og Stajano, *Mafia* cit., ss. 346–7.

mafiaen til at placere sine egne kandidater i byrådene og i regionalforsamlingen. Dette politiske engagement er ikke af ny dato, hvilket antimafia-kommissionen illustrerer med tal for, hvor mange kendte mafioso-slægtninge der mellem 1957 og 1968 fandt vej ind i lokalpolitik. Byrådene i Trapani indeholdt 15 mafioso-slægtninge, byrådene i Caltanissetta 16 og de i Agrigento 20. Medlemmer af Greco-familien sad i samme periode i regionalforsamlingen.[19]

Mafiaen har infiltreret kommunaladministrationer over hele Sicilien, og mange kommuner har fået byrådet opløst ved ministerielt dekret og er blevet sat under administration, indtil et nyt byråd har kunnet vælges. Som regel bliver de samme folk dog valgt igen på grund af klientelistisk stemmeafgivning. Et af de mere opsigtsvækkende eksempler er opløsningen af byrådet i Gela, der er en af Siciliens største byer, med 100.000 indbyggere. På grund af et udbredt misregime og en omfattende mafia-aktivitet med forgreninger langt ind i byrådet fungerede selv de mest basale ting ikke. Byggespekulation førte til fuldstændig planløs bebyggelse og mange steder i byen findes der stadig hverken kloaker, elektricitet, renovation eller sågar veje. Den noget mindre by Adriana i Catania-provinsen (35.000 indbyggere) fik opløst byrådet, fordi tre assessorer og et byrådsmedlem var for gode venner med den lokale mafia-boss. Disse to eksempler er langt fra enestående. Over 50 kommuner har fået bystyret opløst ved dekret.[20]

Det omfattende misbrug har ført til politiske stridigheder, specielt med venstrefløjen, men også med enkeltpersoner i DC, der af moralske årsager gerne ville have et 'rent'

---

[19]Tranfaglia, *Mafia, politica e affari* cit., s. 77.
[20]Paolo Cabras, (red.), *Relazione sulle amministrazioni comunali disciolte in Campania, Puglia, Calabria e Sicilia*, Doc. XXIII, n. 5 (XI legislatura), Commissione parlamentare d'inchiesta sul fenomeno della mafia e sulle altre associazioni criminali similari, Senato della Repubblica, Roma, 1993.

system. Der har i Palermo været flere forsøg på at rense administrationen af de offentlige udgifter for mafiaens indflydelse, både i kommunen og i regionen, men det er aldrig rigtig lykkedes. Der har i Catania kun været et forsøg på at rive op i misbruget, nemlig antimafia-bladet *I Siciliani*[21], men redaktøren og idémanden Giuseppe Fava blev myrdet i 1984, og bladet gik ind året efter. I de fleste andre, mindre kommuner har den mindre opmærksomhed gjort det meget lettere for mafiaen at eliminere politiske fjender.

Præsidenten for Sicilien, Piersanti Mattarella, ville rydde op i procedurene for fordeling af de offentlige arbejder i regionen, og kort før nytår 1980 havde han været i Rom for at snakke med indenrigsministeren om mafia-infiltrationen i administrationen. Han blev myrdet kort tid efter hjemkomsten fra mødet. Det er oplagt, at se de to begivenheder i sammenhæng. Mattarella blev efterfulgt som præsident af Mario D'Acquisto (en af de unge tyrkere fra Palermo), hvis velvilje over for mafiaen aldrig har været draget i tvivl.

Udviklingen i Palermo har som altid været mere ekstrem end andre steder på øen. Vito Ciancimino, som vi har mødt i forbindelse med byggespekulationen,[22] har domineret bystyret helt frem til 1984. Fra 1964, da Ciancimino trådte ud af juntaen i Palermo, beklædte han ikke nogle officielle poster i byen, men var gruppeformand for DC-gruppen i byrådet. Han blev i 1970 valgt til borgmester, men sad dog kun i få måneder, da antimafia-kommissionens interesse for ham tvang ham til at træde tilbage. I årene herefter blev han stadig mere omdiskuteret, og i 1976 ville ingen partifraktion opstille ham på valglisten. Han lavede da sin egen gruppe, der kaldtes 'Ciancimos venner', og fik seks personer valgt ind i byrådet i 1976 og otte i 1980. Hans klientelistiske netværk var stadig intakt, og hans indflydelse afhang ikke læn-

---
[21]Se side 92.
[22]Se side 105.

gere af partiet, men omvendt afhang partiets indflydelse af ham, og han brugte magten til at styre Palermos bystyre fra kulisserne: uden Ciancimino og hans venner var der intet flertal. Det stod på indtil 1984, da pentitoen Buscetta berettede om Cianciminos tilknytning til mafiaen og anklagede ham for at være medlem af mafia-familien i Salemi på Vestsicilien. Ciancimino blev anholdt og dømt for dette, og i 1992 blev dommen på ti år stadfæstet af højeste instans.

I 1970'erne og 1980'erne handlede kommunalpolitik i Palermo primært om de kommunale udgifter til forskellige opgaver, hvoraf de vigtigste var vedligeholdelse af veje og kloaker, gadebelysning samt renovationen af slummen i byens historiske centrum. Byen har skiftet borgmester talrige gange, specielt i starten af 1980'erne, og hver gang er borgmesteren faldet på grund af de offentlige arbejder. Næsten alle borgmestrene har bagefter erklæret, at pression fra Ciancimino var grunden til deres ufrivillige afgang.

Eksempel: Veje og kloaker i Palermo

Vedligeholdelse af veje og kloaker i Palermo blev fra 1938 til 1985 varetaget af firmaer i hænderne på Arturo Cassina og hans familie, og den måde, de har fastholdt og løst opgaven på, har været meget omdiskuteret.[23] Der er tre grunde hertil: udgifterne til vedligeholdelse af veje og kloaker i Palermo har været adskillige gange større end i tilsvarende byer; Cassina har fastholdt kontrakterne ved at samarbejde med Vito

---

[23]Oplysningerne om grev Cassinas og LESCAs vedligeholdelse af veje og kloaker i Palermo kommer fra den første antimafia-kommissions mindretalsbetænkning: La Torre, *Relazione di minoranza* cit., genoptrykt i Tranfaglia, *Mafia, politica e affari* cit., ss. 186–7, og fra Santino mfl., *L'impresa mafiosa* cit., ss. 304–5 og 366–9. Meget af materialet findes på dansk i Søndergaard, *Den sicilianske mafia* cit., bd. 3, ss. 97–101.

Ciancimino, der ikke altid benyttede de fineste metoder; og arbejdet er konsekvent blevet uddelegeret til de lokale mafiosi i byens enkelte kvarterer.

Pio La Torre fra den første antimafia-kommission skrev om udgifterne i Palermo i perioden 1971-80, at for at forstå hvor meget der var på spil,

> ... er det nødvendigt at holde sig for øje, at vedligeholdelsen af veje og kloaker koster Palermo kommune over 100 mia.[24] i kontraktens ni-årige løbetid (150 hvis man tager højde for de uundgåelige forøgelser af priserne!). Der er en skandaløs forskel mellem priserne, der er fastsat i licitationen, og dem fra andre byer. (Til vedligeholdelsen af veje og pladser i Palermo er budgetteret med en årlig udgift på 4,4 mia., mens de samlede omkostninger i Bologna er 498 mio. Til vedligeholdelse af kloakerne i Palermo er budgetteret med en udgift på 5,9 mia., mens de samlede omkostninger i Bologna er på cirka 200 mio.).[25]

Bologna og Palermo er omtrent lige store, og selv om de befinder sig i geografisk forskellige områder, kan det ikke forklare de store omkostninger i Palermo. Forklaringen er heller ikke, at standarden i Bologna ligger langt under Palermos. Det er snarere omvendt, da Bologna har ry for at være en af de bedst fungerende byer i Italien, og standarden i Palermo er notorisk lav.

Første gang Cassinas 'besiddelse' af opgaven blev offentligt debatteret, var ved fornyelsen af kontrakten i 1962 for endnu en ni-årig periode. Her blev den automatiske forlængelse af kontrakten presset igennem byrådet, og kommunisterne klagede over proceduren til *Commissione Provinciale di Controllo*[26]. Klagen blev afvist af kommissionens flertal

---

[24]Beløbet er i størrelsesordenen 2 mia. kr.
[25]Tranfaglia, *Mafia, politica e affari* cit., s. 187.
[26]Se side 50.

(bystyrets partifæller), og formanden trak sig i protest mod det, han kaldte en klar 'mafia-handling'.

Ved fornyelsen af kontrakten i 1971 var det klart, at proceduren fra 1962 ikke kunne anvendes igen, så denne gang blev entreprisen afgjort ved en lukket licitation. Tre deltagere søgte om adgang: Cassina, LESCA og ICES, men bedømmelsesudvalget afviste det sidste tilbud på grund af manglende bankgarantier, så konkurrencen kom til at stå mellem Cassina og LESCA. LESCA vandt entreprisen. Pio La Torre fra antimafia-kommissionen undersøgte affæren og opdagede:

> 1) at LESCA bevarer alle strukturerne, udstyret og de ansatte fra selskabet Cassina; 2) at ledelsen af det nye selskab var ingeniør Pasquale Nasticò, Arturo Cassinas svigersøn, assisteret af Luciano Cassina, søn af ejeren af det gamle firma; 3) at i de fire zoner, som byen er delt i, opererer de gamle mafia-underentreprenører endnu, officielt som distriktsledere.
>
> Man har derfor spurgt sig, hvad forholdet er mellem LESCA og Cassina. Det er således blevet opdaget, at familien Cassina i realiteten kontrollerer firmaet Arborea, der ejer 95% af aktierne i LESCA.[27]

Den centrale post for denne entreprise var assessoratet for vedligeholdelse, som i 1971 var under Salvatore Midolo, en af Cianciminos venner.

Entreprisen dukkede op igen næste gang i 1983, men på grund af mafia-krigen og dens følger var entreprisen blevet en meget varm kartoffel for alle parter. Ingen ønskede at tage sagen op, arbejderne i LESCA demonstrerede foran rådhuset, og da sagen var afsluttet, havde den kostet to borgmestre posten. Elda Pucci, der tidligere havde nægtet at spille Cianciminos spil i juntaen, modsatte sig hans ønske

---

[27]Tranfaglia, *Mafia, politica e affari* cit., s. 187.

Pro-mafia demonstration. Tidligere ansatte i virksomheder, der i 1985 mistede lukrative offentlige arbejder på grund af mafia-infiltration, demonstrerede foran rådhuset i Palermo. Teksten på skiltene lyder blandt andet: „vi vil have mafiaen", „Ciancimino som borgmester" og „med mafiaen er der arbejde, ellers ikke".
Foto: Labruzzo/Giacomino Foto.

om en automatisk forlængelse, og faldt, da Ciancimino trak sin støtte tilbage uden hensyn til partiloyaliteten.

Den følgende borgmester, Giuseppe Insalaco, der tidligere i sin karriere havde været støttet af Stefano Bontate, modsatte sig både at forlænge kontrakten automatisk og at give a conto udbetalinger til LESCA, og han måtte trække sig efter kun fire måneder på posten. I den tid blev han både udsat for voldsomme angreb fra Midolo, der stadig var assessor for vedligeholdelse, og for anonyme trusler. Hans bil blev brændt af, og dommer Falcone fik anonyme telefonopkald om Insalacos private forretninger. Insalaco måtte opgive politik, men mafiaen glemte ham ikke, og i 1988 blev han skudt ned på åben gade i Palermo.

Da Ciancimino i 1984 forlod lokalpolitik, ændrede forholdene sig, og i 1985 blev entreprisen efter en lukket licitation overdraget til et romersk firma, der tilbød nedslag i prisen på 25%, og senere 35%.

Beskyttelse mod retsforfølgelse

Mafiaens beskyttelse mod retsforfølgelse sker på næsten alle niveauer. Den forsøger at påvirke og styre politiets efterforskning, at påvirke forundersøgelsesdommere, og hvis det kommer til en retssag, at påvirke vidner, jurymedlemmer og dommere.

Hvilke metoder, der bliver anvendt i en given sag, afhænger af de involverede mafiosi's kontakter og muligheder, men fremgangsmåden lader til at følge et vist system. Først vil mafiaen forsøge at 'nærme sig' den pågældende person for at se, om han kan påvirkes. Her er de tidligere beskrevne kommunikationskanaler vigtige. Kan han påvirkes, slås der en handel af, hvor han på en eller anden måde afhjælper mafiaens problem mod en kompensation, der kan være penge, en lejlighed, reparation på huset, eller noget andet. Reagerer personen ikke positivt på mafiaens små signaler, vil mafiaen forsøge at stoppe eller fjerne ham med fredelige midler, for eksempel ved at skabe kontakt til hans overordnede eller udsætte ham for politisk pression gennem politiske kontakter. Kan man få en besværlig politimand eller dommer forflyttet, kan det være, at efterfølgeren er mere samarbejdsvillig. Hvis intet af dette virker, prøver mafiaen med trusler og anonyme telefonopkald, og hvis offeret også står imod det, og sagen er vigtig nok, så myrdes han. Forhåbentlig (for mafiaen) er hans efterfølger klogere.

Obstruktion af politiets arbejde sker på mange måder. Den simpleste og mest udbredte måde, som blandt andet pentito'en Leonardo Messina har nævnt, ligger i, at mafiaen også skræmmer politifolkene. De skal til daglig leve i det lokalsamfund, hvor også mafiosi'ene lever, og de har kærester, familier, koner og børn, der alle kan være mål for mafiaens repressalier, hvis de er for entusiastiske i arbejdet, og som de risikerer at bliver forflyttet fra, hvis de skulle komme bestemte interesser for nær.[28] Sådanne undvigende reaktioner i politiet fører til en form for sameksistens mellem politi og mafia, idet begge har en interesse i at holde den almindelige kriminalitet nede, og så lade det stoppe der. For mafiaen er den almindelige kriminalitet ofte en del af rekrutteringsgrundlaget, men det kan også være en trussel og en gene for mafiaens aktiviteter. Er den almindelige kriminalitet høj, presses politiet til øget indsats, hvilket også rammer mafiaen, og mafiaen har derfor altid hjulpet politiet med små anonyme tips, eller som de kalder det: 'pust'.

Antonino Calderone beretter om to meget sigende affærer. Politiet i Catania havde i forbindelse med en narkotikasag udarbejdet en liste over personer, der skulle anholdes. Det var alle personer uden for mafiaen, undtagen en, der var Calderones fætter og gift med et af Carmelo Costanzos børnebørn. Denne oplysning kom mafiaen i hænde, da en politiofficer på eget initiativ overbragte Calderone, som han kendte, en kopi af listen. Calderone henvendte sig straks til Costanzo, der gennem sine kontakter fik mafioso'en fjernet fra listen. Kort tid efter henvendte en ballistisk ekspert, der arbejdede for politiet, sig direkte til Costanzo om samme sag, fordi han havde set samme liste.[29]

Den anden affære handlede om vicepolitimester Cipolla, der ifølge Calderone var den eneste politimand i Catania, der troede på, at der fandtes en mafia i byen, og han var derfor en gene. Det var i årene 1976–77. Calderone og broderen Pippo forsøgte at få ham forflyttet gennem deres kontakter i Ca-

---

[28]Violante, *Seduta di venerdì 4 dicembre 1992* cit., s. 532.
[29]Arlacchi, *Gli uomini del disonore* cit., ss. 180–2.

tania, men det mislykkedes. De henvendte sig så til fætrene Salvo, der konstaterede, at „her er der brug for Salvino", og de arrangerede et møde i Rom mellem brødrene Calderone og Salvo Lima, der sad i parlamentet. Brødrene forklarede deres problem, og Lima lovede at se på sagen. Senere fik de besked gennem Salvo'erne, at indenrigsministeren havde informeret Lima om, at Cipolla alligevel var i færd med at søge om forflyttelse af private årsager, så de skulle blot væbne sig med tålmodighed lidt endnu.[30]

I andre tilfælde afsporede mafiaen efterforskningen ved at lægge falske spor ud og plante forkerte informationer. Det var tilfældet med mordet på Siciliens præsident Piersanti Mattarella i januar 1980, hvor falske spor rettede efterforskningen mod højreterrorister, mens det sandsynligvis var mafiaen, der stod bag. Mordet er aldrig blevet opklaret.[31] Tilsvarende mudrede er sagerne om mordene samme år på Pio La Torre og Carlo Alberto dalla Chiesa. De egentlige årsager til mordene er endnu ukendte, ligeså bagmændene, og det sværmer stadig med rygter og teorier om baggrunden bag mordene.

Et andet meget klart udtryk for mafiaens evne til at hindre eller afspore politiets arbejde er de mange eftersøgte mafiosi. Der kan gå år, uden at politiet kan finde dem, samtidig med at de bliver i byen, ofte i deres gamle kvarter og endda boende hos familiemedlemmer. Rekorden har Totò Riina, der var på 'flugt' fra 1968 til 1993 uden at politiet kunne finde ham. I den periode blev han gift officielt, fik fire børn, der blev sendt i skole og til lægen, og han blev boende i Palermo, hvilket han endda meddelte offentligheden gennem en advokat. Han har i den periode været anklaget i flere retssager og har fået flere livstidsstraffe, men trods dette har

---

[30] *ibid.*, ss. 204–5.
[31] Om denne ganske indviklede affære, se: Provvisionato, *Segreti di mafia* cit., ss. 29–41; og Galasso, *La mafia politica* cit., ss. 92–121.

myndighederne ikke ydet en rimelig indsats før efter mordene på Falcone og Borsellino. Myndighedernes eneste mulighed for definitivt at identificere Riina efter anholdelsen var et sæt fingeraftryk fra 1968, da han var blevet anholdt for en mindre forseelse. Tommaso Buscetta, der i 1980 var på flugt fra fængsel, fortæller, at han et stykke tid boede hos sin søn på en adresse, som politiet kendte fra tidligere — de kom aldrig for at spørge efter ham. Situationen blev så ekstrem, at man begyndte at snakke om *latitanti domiciliari*, hjemmeboende eftersøgte, som et ordspil på begrebet *arresto domiciliare*, husarrest. Politiets afmagt, eller manglende vilje, var åbenlys.

Det er påfaldende sjældent, at det er kommet til retssager mod mafiaens ledelse. De eneste større retssager før 1980 er Catanzaro-processen (1968), der kom efter bomben i Ciaculli, og Bari-processen (1974), der fulgte efter mordet på den offentlige anklager i Palermo Pietro Scaglione i 1971. Begge disse processer endte næsten uden undtagelse med frifindelser på grund af mangel på beviser.

Tidligere kunne de fleste retssager klares med trusler og vold mod vidnerne eller blot med den frygt, som mafiaen indgød, sådan at anklagemyndigheden ikke kunne dokumentere sine påstande. Naturligvis har et utilstrækkeligt lovgrundlag og en ringe forståelse af mafiaens karakter også bidraget til de dårlige resultater, men det er ikke nok til at forklare, at det næsten aldrig var muligt at sætte nogen i forbindelse med specifikke forbrydelser, sådan som det var juridisk nødvendigt. Frifindelse på grund af mangel på bevis var netop normen, ikke reglen, som man kan se, hvis man undersøger resultaterne af de store processer mod mafiaen eller følger en enkelt mafioso's forhold til retsvæsenet. Som eksempel kan nævnes Luciano Leggio[32], en af mafiaens ledende figurer

---

[32] Se side 40.

i 1950'erne og 1960'erne, der i denne periode blev anklaget for talrige mord, begået i årene 1945-1963. Han blev frikendt på grund af mangel på beviser for alle mordene på nær et, der gav ham livstid. De fleste andre succesrige mafiosi har en tilsvarende historie fyldt med frifindelser, mens Leggios livstidsdom er atypisk for tiden.

Der findes meget få oplysninger om, hvad der foregik bag scenen i forbindelse med de tidlige retssager, men Antonino Calderone fortæller, at Catanzaro-processen blev 'justeret' gennem Stefano Bontates svoger, der var frimurer med kontakter til dommerne. Om de mindre sager, der har været, er der endnu færre oplysninger. Pentiti'ene kom først senere.

Med Spatola-processen i 1980 ændrede situationen sig. Efterforskningen rettede som noget helt nyt søgelyset mod de finansielle transaktioner, som den internationale handel med narkotika nødvendigvis måtte føre med sig, både ved betaling for narkotikaleverancerne og ved den efterfølgende vask af pengene. Bag denne nyskabelse i efterforskningen stod Giovanni Falcone og hans overordnede Rocco Chinnici. Stillet over for en teknisk bevisførelse og derfor uden samme muligheder for at påvirke processens gang, reagerede mafiaen med vold, og de myrdede flere af personerne bag retssagen, blandt andet Chinnici i 1983. Spatola-processen var den første større retslige succes i kampen mod mafiaen.

Starten af 1980'erne gav retsvæsenet to nye redskaber: La Torre-Rognoni loven og pentiti'ene. Begge var et resultat af mafia-krigen, der spredte terror internt i mafiaen og i Palermos gader. Volden, pentiti'ene og La Torre-Rognoni loven var netop baggrunden for maxi-processen, der vil blive gennemgået i detaljer i næste afsnit. Tiden herefter så mange retssager, også mod ledende personer i Cosa Nostra, men mange af dem fik et langt og omtumlet forløb, præget af store interne problemer i retsvæsenet.

En del af grunden til disse retssagers forløb skal ifølge adskillige pentiti findes i nogle bemærkelsesværdige politiske forbindelser. Frem til sin død havde Stefano Bontate et meget nært forhold til Salvo Lima, der takket være sin stærke klientelistiske magtbase på Sicilien var nært knyttet til Giulio Andreotti[33] og dennes partifraktion. Efter Bontates død i 1981 blev kontakten til Lima formidlet af fætrene Salvo, som derved bevarede en vis position internt i Cosa Nostra. Andreotti selv kunne ikke påvirke retsvæsenet direkte, men han havde angiveligt gode kontakter til dommer Corrado Carnevale, der var præsident for kassationsdomstolens første sektion for straffesager, der har behandlet mange mafia-sager.

En af de processer, der skulle 'justeres', var Basile-processen. Sagen handlede om mordet på Carabinieri-kaptajnen Emanuele Basile i 1980, hvor de tre mordere blev anholdt en halv time efter mordet, ganske nær gerningsstedet og med mudder derfra på skoene. De blev alle stævnet af forundersøgelsesdommeren, men dommeren i første instans blev 'kontaktet', og dømte ikke de tre, men afviste bevismaterialet og sendte sagen tilbage til forundersøgelsesdommeren. Denne stævnede de tre igen, og denne gang blev de pure frikendt af en dommer, der siden er blevet anklaget for at have samarbejdet med Cosa Nostra. De tre blev løsladt, men blev sendt i internt eksil, som de straks flygtede fra. I appelsagen i 1984 blev de tre alle idømt livstid, men Carnevale underkendte hele processen på en minimal procedurefejl: ikke alle forsvarerne var blevet rettidigt informeret om tidspunktet for udtrækningen af nævningene. Herefter gik sagen tilbage til appelretten, hvor de tre fik livstid igen, men det blev også underkendt af Carnevale, denne gang for mangel på motiv.

---

[33] Giulio Andreotti er ikke hvem-som-helst. Han har siddet i parlamentet siden 1948, været minister næsten uden pause, har fra 1968 ledet en af de vigtigste fraktioner i DC, har i 1970'erne og 1980'erne været regeringsleder syv gange, og siden 1991 senator på livstid. Andreotti har været selve indbegrebet af den italienske republik.

Den tredie gang i appelretten blev de også idømt livstid, men denne gang blev sagen ikke behandlet af første sektion i kassationsdomstolen, og dommene blev definitive. Det var i 1992, tolv år og otte retssager senere. Morderne var på fri fod næsten hele tiden og flere er det stadig.

Der er ikke mange oplysninger om, hvordan Basile-processen blev 'justeret', men hele sagens forløb viser klart, at der er noget galt i retsmaskineriet. Processen er ikke noget enestående tilfælde, og både antimafia-kommissionen og samtlige pentiti peger på dommer Carnevale. Antimafia-kommissionen angiver ialt ni mafia-sager efter 1986, som han har underkendt på minimale procedurefejl, så der er et mønster i hans kendelser. Carnevale er så berygtet, at han har fået tilnavnet *ammazza-sentenze*, kendelses-dræberen. Han er siden blevet suspenderet fra tjeneste, og der er blevet indledt en undersøgelse af hans embedsførelse.

Ingen af pentiti'ene kan forklare, præcis hvordan Carnevale skulle lade sig dirigere, men de fleste forklarer det ved et tæt forhold mellem ham og Andreotti. Rosario Spatola mener at have hørt, at Carnevale skulle være frimurer og at han derfor skulle kunne tilnærmes.[34] Man kan ikke forvente, at de skal vide det. De andre dommere blev derimod kontaktet direkte, uden politiske mellemmænd, af personer fra deres hjemegn eller på anden måde.

Eksempel: Maxi-processen

Maxi-processen er den ene sag, hvis forhistorie, forløb og efterspil fuldstændig har domineret 1980'erne. Sagen var en videreførelse af efterforskningen bag Spatola-processen, men på grund af de mange mord på repræsentanter for statsmagten, den voldsomme mafia-krig og de deraf følgende pentiti

---

[34] Interview i *L'Espresso*, 2. maj 1993, ss. 70–3.

fik sagen et langt større omfang. Sagen var blevet efterforsket af den såkaldte antimafia-pool, hvori især Giovanni Falcone og Paolo Borsellino var fremtrædende. I forundersøgelsesrapporten fra 1985 blev 707 personer stævnet, hvoraf lidt under 500 blev anklaget i den efterfølgende retssag, der forløb fra februar 1986 til december 1987. Dommene var meget hårde, og de fleste anklagede blev dømt. Specielt vigtig var dommernes accept af det såkaldte Buscettas teorem, der gjorde medlemmerne af Cosa Nostras øverste ledelse, *La Cupola*, kollektivt ansvarlige som bagmænd for alle de 'store' mord på statsmagtens repræsentanter. *La Cupola*s eksistens var blevet afsløret af pentiti'ene Tommaso Buscetta og Salvatore Contorno, der før og under sagen oplevede, at Cosa Nostra likviderede alle deres nærmeste slægtninge som hævn.

Sagen gik videre til appelretten, der skulle have været præsidieret af Antonino Saetta, der var kendt for at have dømt højtstående mafiosi livstidsstraffe i to tidligere sager, men kort før processens start blev han og hans handicappede søn brutalt myrdet. Sagen afsluttedes af en anden dommer i december 1990, og dommene for mange af de mindre sager blev sænket, Buscettas teorem blev underkendt, og hele *La Cupola* gik fri for de værste forbrydelser, de politiske mord.

Netop på grund af de principielle aspekter i sagen gik den videre til kassationsdomstolen, og den første sektion for straffesager under forsæde af Corrado Carnevale skulle varetage sagen, sådan som den havde gjort i mange andre mafiarelaterede sager. Falcone, der ville redde 'sin' retssag, trak i trådene gennem daværende justitsminister Claudio Martelli (PSI) og fik sagen flyttet til femte sektion i kassationsdomstolen, væk fra Carnevale. Kassationsdomstolens kendelse faldt i januar 1992, og den stadfæstede næsten alle dommene fra første instans, også Buscettas teorem og dermed livstidsdommene over Cosa Nostras ledelse i *La Cupola*. I maj og juli samme år blev Falcone og Borsellino myrdet.

Maxi-processen var den største mafia-retssag i Italien nogensinde. Med over 500 anklagede, heraf mange ledende mafiosi, var det nødvendigt at bygge en speciel retssal til sagen. Retssalen blev bygget sammen med Palermos fængsel, så de anklagede kunne føres direkte fra fængslet til burene i baggrunden. Oven på burene var der pladser til journalister og tilskuere, mens selve salen var optaget af de mange forsvarsadvokater. De omfattende sikkerhedsforanstaltninger har givet den tilnavnet *Aula Bunker*. Foto: Labruzzo/Giacomino Foto.

Gaspare Mutolo var en af de anklagede ved maxi-processen og blev dømt for narkotikahandel. Han var medlem af en mafia-familie i Palermo og var nært knyttet til dens leder, der var medlem af *La Cupola* og Mutolos vigtigste kilde. Mutolo har siddet i fængsel siden midten af 1980'erne, indtil han begyndte at samarbejde i juli 1992. Denne beslutning hang tæt sammen med retssagens endelige udfald. Mutolo beretter[35], at da maxi-processen startede, blev den opfattet

---

[35]Mutolos og andre pentiti's beretninger om maxi-processens forløb er hentet fra to anklageskrifter. Det for mordet på Salvo Lima: *Or-*

som en politisk proces, der nødvendigvis måtte føre til hårde domme, fordi venstrefløjen krævede det. Cosa Nostra, både ledelse og menige mafiosi, accepterede dette, men forventede, at dets politiske allierede ville 'justere' sagen i anden instans eller i det mindste ved kassationsdomstolen. Mutolo angiver Salvo Lima og gennem ham Giulio Andreotti som de politiske allierede og giver udtryk for, uden at have fået det at vide direkte (han sad i fængsel), at beroligelserne om sagens forløb kom direkte fra Lima.

Der var dog en vis utilfredshed med processens forløb i første instans. Dommeren i sagen var normalt dommer i civile søgsmål, men var blevet valgt, da der ikke var nogen straffesagsdommer, der ville påtage sig sagen. *La Cupola*, hvis medlemmer næsten alle var på fri fod og agerede gennem deres advokater, ville have dommeren afvist, men det lykkedes ikke. Dernæst ville de forhale sagen ved at kræve oplæsning af alle sagens akter, hvilket heller ikke lykkedes. Da ledelsen ikke kunne påvirke processens forløb og mente, at de ikke fik den ønskede opbakning, besluttede de at give Lima og Andreotti en lærestreg ved parlamentsvalget i 1987. Der blev derfor sendt besked rundt om, at alle skulle stemme på socialisterne og specielt Martelli, da han som justitsminister havde givet udtryk for en retspolitisk holdning, der krævede øgede hensyn til de anklagedes rettigheder.

Pentito'en Baldassare Di Maggio, der i en periode var chauffør for Riina, fortæller (som den eneste) om et hemmeligt møde før valget i 1987 hos Ignazio Salvo mellem Riina, Lima og Andreotti. Riina fortalte aldrig Di Maggio, hvad

dinanza di custodia cautelare in carcere, Tribunale di Palermo, ufficio del giudice per le indagini preliminari, 1992, genoptrykt i *Segno*, 139, oktober 1992; og det, der blev sendt til parlamentet for at få Giulio Andreottis immunitet ophævet: *Domanda di autorizzazione a procedere contro il senatore Giulio Andreotti*, Doc. IV, n. 102 (XI legislatura), Senato della Repubblica, Roma, 27. marts 1993, genoptrykt som: *Dossier Andreotti* cit.

mødet handlede om, men det fandt angiveligt sted kort tid
før ordren om at stemme PSI ved valget. Di Maggio bemærkede
speciel, at Riina udvekslede kindkys med Andreotti,
hvilket ikke er normalt mellem personer, der ikke kender hinanden
godt.[36]

Efter de hårde domme i første instans, som også ramte
størstedelen af Cosa Nostras eftersøgte ledelse, gik der besked
rundt i fængslet om, at processen helt sikkert ville blive
'justeret' enten i anden instans eller ved kassationsdomstolen,
stadig med Lima som kilde. Dommer Carnevale i kassationsdomstolens
første sektion blev fremhævet som en garant
for frifindelser, selv hvis det skulle gå galt i appelsagen.
Det gjorde det som nævnt ikke, der var udbredt tilfredshed
blandt de anklagede, og man så med fortrøstning frem til
behandlingen i kassationsdomstolen.

Så kom de grimme overraskelser. Sidst i 1991 udstedte
justitsminister Martelli et dekret, der sendte alle de mafiosi,
som havde været i husarrest, tilbage til fængslerne. Det var
et negativt signal, men værre blev det, da Carnevale blev
tvunget til at trække sig, så det ikke blev ham, der skulle
behandle sagen. Cosa Nostras forhåbninger blev gjort til
skamme, og mistrøstigheden bredte sig i fængslet.

Da dommene i januar 1992 faldt ved kassationsdomstolen,
var det klart, at Cosa Nostras ledelse ikke havde været
i stand til at beskytte mafiosi'enes interesser. Nederlaget og
prestigetabet var stort, og det kom til åbent brud med Lima
og Andreotti. Adskillige af de dømte i maxi-processen, herunder
Mutolo, havde ikke længere noget håb om at forlade
fængslet og blive genforenet med kone og børn, så mange
begyndte at samarbejde med myndighederne. Hvor alle de
tidligere pentiti havde været på den tabende side i mafia-

---

[36]Pino Buongiorno, *Totò Riina. La sua storia*, Rizzoli, Milano, 1993,
ss. 213–4.

krigen, kom der nu en strøm af pentiti, der havde været på corleonesernes side.

Lima blev myrdet i april, ifølge pentiti'ene med det dobbelte formål at straffe Andreotti, der i Cosa Nostras øjne havde svigtet sine venner, og at advare ham mod at svigte igen. Det lader til, at det lykkedes. Uden Lima og hans evne som stemmesamler svækkedes Andreottis fraktion i DC alvorligt ved parlamentsvalget i maj 1992, hans ønske om at blive republikkens præsident mislykkedes, og han har siden mistet store dele at sin indflydelse på italiensk politik. Hans fald var ganske åbenbart, da parlamentet ophævede hans immunitet, så han kan retsforfølges for mafia-forbindelse og sågar for medvirken til mord, hvilket ville have været ganske utænkeligt tidligere.

To af de seneste pentiti, Gino La Barbera og Santino Di Matteo, begge anholdt i 1993 for mordet på Falcone, har fortalt, at Bernardo Brusca og Leoluca Bagarella, der begge var nært knyttet til Riina og medlemmer af *La Cupola*, planlagde at myrde Andreotti, fordi han var en 'forræder' mod Cosa Nostra, men det løb ud i sandet på grund af statens offensiv mod mafiaen.[37]

Myndighedernes sameksistens med mafiaen

Er en dommers, en politimands eller en embedsmands velvilje over for en mafioso udtryk for systematisk samarbejde eller blot for simpel afpresning eller korruption? Det sidste kunne godt synes at være tilfældet i de fleste situationer. Når en kollega er blevet skudt ned på åben gade, måske sammen med eller foran familien, så tænker man sig naturligvis om en ekstra gang, før man tager en beslutning, der kan skade

---

[37] *Panorama*, 18. februar 1994.

mafiaen. Det er netop mafiaens vigtigste grund til at dræbe repræsentanter for statsmagten: den dræber én for at belære hundrede.

Efterhånden som pentiti'enes beretninger kommer frem, dukker der også jævnligt oplysninger op om lejligheder, der stilles til rådighed for dommere vederlagsfrit, og om betaling af bestikkelse for at 'justere' enkeltsager. Et eksempel på et sådant samarbejde er Bruno Contrada, der i 1970'erne var en anset politimand i Palermo, hvor han samarbejdede med den ligeledes højt estimerede Boris Giuliano. Giuliano blev myrdet i 1979, fordi han kom narkotikainteresser for nær, og det lader til at have skræmt Contrada alvorligt. Senere forsøgte Cosa Nostra at kontakte Contrada, sandsynligvis gennem grev Cassina, der ligesom Contrada var medlem af ordenen *Cavalieri del Santo Sepolcro di Gerusalemme*. En form for samarbejde blev etableret. I løbet af 1980'erne dukker der mere og mere sladder op om Contrada, om hans levestandard, og om hvordan han kunne bo i Cinisi, der er et mafia-domineret område nær Palermos lufthavn, uden at blive udsat for trusler. Han blev også af Buscetta sat i forbindelse med Cosa Nostra, men det fik ingen juridiske eller karrieremæssige konsekvenser. Først med de nye pentiti efter mordet på Falcone blev Contrada anholdt.

Afsløringer af mafia-kollaboratører sker stadig, og det er umuligt at vurdere, hvor mange og hvor højt placeret de er, men nogle oplysninger er dog kommet frem i pressen. Således er den tidligere nævnte notar Pietro Ferrara og skatterådgiveren Giuseppe Mandalari nu anholdt, og som følge af flere pentiti's beretninger er mindst ni dommere fra Palermoprovinsen nu i politiets søgelys, herunder den offentlige anklager og Falcones chef sidst i 1980'erne samt præsidenterne for nævningedomstolen og appeldomstolen.[38]

---

[38] *La Repubblica*, 20. oktober 1993.

Fælles for de nævnte personer er, at de blev betragtet som hævet over mistanke, og da deres navne kom frem, var der en vis uvilje mod at tro, at mafiaens indflydelse rakte så langt ind i statsinstitutionerne.

Det kan således godt forsvares, at det på et individuelt plan handler om afpresning og korruption, men på et overordnet, politisk plan må situationen vurderes anderledes. Når stort set alle de ledende dommere i Palermo samarbejdede med mafiaen, er der ikke længere tale om enkelte rådne æbler, så er det træet, der er sygt. Tilsvarende oplysninger er for ganske nylig kommet frem fra andre regioner i Italien, og der er ikke nogen tvivl om, at retsvæsenet i hele Syditalien har været genneminfiltreret af den organiserede kriminalitet, for Siciliens vedkommende af Cosa Nostra.

En væsentlig forklaring er, at hele det politiske klima har virket befordrende på embedsmænds og politifolks samarbejde med mafiaen. De kunne som alle andre se, at politikerne intet gjorde for at bekæmpe mafiaen, og gennem frimurerlogerne har alle parterne været i indbyrdes kontakt. Personer, der skylder deres ansættelse i det offentlige klientelistiske tjenester, kan også forventes at være venlige over for deres patrons andre 'venner', også hvis de er mafiosi, da deres karriere ligger i hænderne på deres patron og hans position. De har i egeninteressens navn deltaget i en udbredt sameksistens mellem dele af statsmagten, retsvæsenet, politiet og Cosa Nostra.

Sameksistensen har været specielt udtalt i Catania, hvor mafia, erhvervsliv, politi, retsvæsen og politikere har udgjort et samlet netværk, både socialt og økonomisk. Her har den fået nogle ekstreme udtryk, hvoraf enkelte skal nævnes. I akterne fra maxi-processen findes et antal fotografier fra Catania af personer fra en snæver kreds, der inkluderer borgmesteren, byrådsmedlemmer, provinspræsidenten, regionalforsamlingsmedlemmer, byens ledende forretningsmænd (inklusiv Costanzo'erne) samt Nitto Santapaola og andre fremtrædende mafiosi. De er byens jet-set. På et af billederne ser man Santapaola stå med armen om skulderen på et medlem af den regionale antimafia-kommission. Dommerne i Palermo skrev, at de havde haft vanskeligheder med at få billederne overdraget fra myndighederne i Catania, samt at personerne på billederne havde givet lidet overbevisende forklaringer.[39]

Antonino Calderone fortæller også om en af Carmelo Costanzos børnebørns bryllup. Alle byens spidser var inviteret: politikere, dommere, politifolk, embedsmænd og mafiosi, men da en fra politiet opdagede, at Santapaola og andre eftersøgte mafiosi var tilstede, ville han anholde dem. Hans overordnede greb dog ind, så festen ikke blev ødelagt. Politimanden fik en reprimande og mafiosi'ene gik fri.[40]

Alle Calderones beretninger om Costanzo'erne og de andre entreprenører har naturligvis fået retslige konsekvenser, men en forundersøgelsesdommer i Catania i 1991 frikendte dem pure, med den noget overraskende begrundelse, at situationen for virksomhederne var så alvorlig, at samarbejde med Cosa Nostra kunne betragtes som lovligt selvforsvar, da virksomhederne ellers ikke ville kunne arbejde. Det er statsmagtens åbent erkendte nederlag — den kan ikke beskytte borgerne, og de må derfor klare sig, som de bedst kan.[41]

Tidligere, i 1987, havde politimesteren i Catania indstillet til den offentlige anklager, at de fire entreprenører blev underkastet præventive foranstaltninger, og havde vedlagt en omfattende dokumentation af deres aktiviteter, men det blev ikke taget til følge. Hans rapport blev arkiveret, og indholdet kom først frem i pressen to år efter.[42] Det interessante

---

[39]Stajano, *Mafia* cit., ss. 244ff.
[40]Arlacchi, *Gli uomini del disonore* cit., s. 197.
[41]Galasso, *La mafia politica* cit., s. 150.
[42]*L'Unità*, 3. oktober 1989.

her er, at politimesteren selv havde myndighed til at dekretere inddragelse af pas og kørekort samt eventuelt internt eksil, men alligevel valgte han at overlade beslutningen til den offentlige anklager. Der er sandsynligvis to årsager. For det første kunne beslutningen skade hans karriere alvorligt, hvis foranstaltningerne senere blev underkendt, og det ville de sandsynligvis blive, givet entreprenørernes indflydelse på byens retsapparat. For det andet kunne foranstaltningerne blive en økonomisk katastrofe for byen. La Torre-Rognoni loven foreskriver, at der skal foretages en gennemgribende revision af formueforholdene for alle, der underkastes præventive foranstaltninger efter lov 575/65, og deres virksomheder må ikke udføre offentlige arbejder. De fire gruppers aktiviteter ville derfor stort set ophøre, hvis ejerne blev frataget deres kørekort og pas eller blev sendt i internt eksil. På grund af deres dominans af byens økonomi har La Torre-Rognoni loven reelt beskyttet dem.

Det system, der er opbygget i Palermo, Catania og andre syditalienske byer, har meget store ligheder med de politiske maskiner, der kendes fra mange amerikanske byer fra forrige århundrede frem til midten af dette. Der er dog en væsentlig forskel: i U.S.A. bidrog maskinerne til den organiserede kriminalitets fremvækst, og de kriminelle grupper var underordnet maskinens politiske ledelse. På Sicilien var mafiaen der før den politiske maskine, den deltog aktivt i opbygningen af maskinen, og den har ikke i længden ladet sig underordne nogen politisk ledelse.

Mafiaens forbindelser til andre subversive kræfter

Mafiaen er ikke isoleret i forhold til resten af den italienske eller internationale underverden. Den har nære kontakter til mange forskellige grupper, og dette afsnit vil komme ind på nogle af dem, der har en betydning for mafiaen som politisk fænomen. Forbindelser, der er rent operationelle for de illegale aktiviteter, vil ikke blive behandlet.

Tidligere i dette kapitel blev mafiaens forhold til frimurerne diskuteret, men behandlingen af frimurernes nytte af forholdet blev udskudt. Normalt vil logernes nytte nok være begrænset, men i det øjeblik de udarter sig til undergravende sammenslutninger, ændrer situationen sig; så udgør mafiaen en militær styrke på Sicilien på flere tusinde mand, som kan mobiliseres relativt let og uden at vække opmærksomhed.

Allerede i 1970 blev Cosa Nostra, ifølge adskillige pentiti, kontaktet gennem frimurerne af prins Junio Valerio Borghese, der var ved at arrangere et fascistisk statskup i Italien. Pentiti'ene fortæller, at Cosa Nostras ledelse var tilbageholdende, men de besluttede at sige ja, for ikke at få kupmagerne imod sig, hvis det skulle lykkes. Modstanden mod ideen var baseret på de dårlige erfaringer mafiosi'ene havde haft under fascisterne, men til sidst vandt pragmatismen, og et par mafiosi blev sendt til Rom for at forhandle om det praktiske, specielt hvad mafiaen skulle have til gengæld. De fik et løfte om justering af nogle retssager, blandt andet Catanzaro-processen og Leggios livstidsdom, og til gengæld skulle mafiaen på et givet signal overtage kontrollen med politistationer og andre steder på Sicilien. Som indledende manøvre plantede mafiaen adskillige bomber på Sicilien, for at undergrave tilliden til regeringen, men få timer efter operationen gik i gang, kom der kontraordre (det vides ikke hvorfra), og kuppet løb ud i sandet.

To senere kupplaner, af Licio Gelli og nogle generaler i 1974 og af Sindona i 1979, involverede også mafiaen, men ingen af dem kom længere end planlægningsstadiet. Begge gange var P2-logen involveret.

Magliana-banden er en anden af mafiaens kontakter. Den er en løst organiseret gruppe af kriminelle, skrupelløse forretningsfolk og fascistiske terrorister med udgangspunkt i kvarteret Magliana i Rom. Den udgør et skæringspunkt mellem adskillige grupper og deres ulovlige interesser, og den har vist sig at have hemmelige kontakter til det militære efterretningsvæsen SISMI.

Kontaktleddet til Magliana-banden var Pippo Calò, der tidligt var flyttet til Rom og havde etableret kontakter til hovedstadens underverden. Det lader mest til at have været forretningsmæssigt, men herudover har Calò benyttet kontakterne til at aflede opmærksomheden fra Cosa Nostra i kritiske situationer. Det blev gjort i forbindelse med mordet på Mattarella. Senere udførte fascistiske terrorister et bombeattentat mod et tog i julen 1983, som Calò viste sig at stå bag, sandsynligvis for at aflede opmærksomheden fra den verserende mafia-krig.

Cosa Nostra har ifølge pentiti'ene Mannoia og Buscetta også forsøgt at kontakte de røde brigader i forbindelse med bortførelsen af Aldo Moro i 1978. De fortæller, at Lima kontaktede Stefano Bontate og bad om hjælp til at få Moro frigivet. Bontate forsøgte at få *La Cupola* med på ideen, men corleoneserne afviste det. Calò, der jo havde kontakter i Rom, skulle angiveligt have sagt til Bontate: „men Stefano, du har endnu ikke forstået det, personer i forreste række i dit parti ønsker ham ikke befriet". Afvisningen var et stort nederlag for Bontate, men det blev dog vedtaget, at Calò skulle få Buscetta overflyttet fra fængslet i Palermo til Torino, hvor de røde brigaders leder Renato Curcio sad. I stedet blev han sendt til fængslet i Cuneo i Norditalien, hvor han kontaktede andre medlemmer af de røde brigader. Det hele løb ud i sandet, da Moro blev myrdet, men var det lykkedes, havde det betydet meget for Bontates prestige, både i Cosa Nostra og over for Lima.[43]

[43]*Dossier Andreotti* cit., ss. 43–6.

Året efter forsøgte Buscetta, stadig i Cuneo, at lave en aftale med de røde brigader om at myrde general dalla Chiesa, der ledede kampen mod terroristerne. Han kontaktede en af deltagerne i bortførelsen af Moro, og spurgte diskret, om de røde brigader ville påtage sig ansvaret, hvis Cosa Nostra myrdede dalla Chiesa. Svaret var, at det ville de kun, hvis en fra de røde brigader deltog, og så løb det også ud i sandet. Baggrunden skulle være, at en 'størrelse' havde bedt Cosa Nostra om at skaffe dalla Chiesa af vejen. Buscetta har senere sagt, at 'størrelsen' var Giulio Andreotti, der ønskede dalla Chiesa elimineret, fordi han vidste 'noget' om Moros tilståelser over for bortførerne. Det andet mord, som Andreotti anklages for at være involveret i, hænger også sammen med Moros bortførelse og dalla Chiesas viden herom. Også det er en yderst intrikat sag, der stadig er uafklaret.[44]

Opsummering

Den politiske styrke, som mafiaen har oparbejdet gennem dygtig brug af det klientelistiske system, bestikkelse, trusler og vold, er blevet udnyttet til at løse eller afhjælpe mafiaens problemer, der primært består i beskyttelse mod retsforfølgelse og kontrol over de offentlige udgifter.

Frem til 1963 var forholdet mellem mafia og politikere offentligt og åbent, men den følgende stadig voksende kriminalisering af mafiaen tvang forholdet over i det skjulte. Her har frimurerlogerne udviklet sig til et træfpunkt for mafiosi, forretningsmænd, politikere og embedsmænd.

Mafiaen har haft et stort behov for beskyttelse mod retsforfølgelse, hvilket var en naturlig følge af mafiaens metoder, og samtlige mafiaens forbindelser er blevet udnyttet for at hæmme eller styre politiets og retsvæsenets arbejde. Det

---

[44] Violante, *Relazione sui rapporti tra mafia e politica* cit., ss. 105–8.

blev vanskeliggjort af, at bevismaterialet ændrede karakter fra overvejende vidneudsagn til overvejende teknisk bevisførelse og brug af pentiti. Det blev også vanskeligere at forstyrre politiets arbejde eller 'justere' retssagerne, da de begyndte at ramme meget højt i mafiaen og sigte mod organisationen Cosa Nostra mere end mod enkeltpersoner, og da der op igennem 1980'erne blev meget mere medieopmærksomhed omkring mafiaen end tidligere.

Mafiaen har store økonomiske interesser i de offentlige arbejder, og benytter alle sine politiske virkemidler til at dirigere det offentliges bevillinger over i egne lommer. I det omfang, der har været en politisk modstand mod misbruget, er det politiske liv blevet forpestet af trusler, vold og mord.

Mafiaen har ved kombineret politisk og økonomisk indflydelse skaffet sig kontakter og alliancer i alle magtcentre af betydning i Italien: partierne, regeringen, retsvæsenet, politiet, frimurerlogerne, efterretningstjenesterne, terroristbevægelser og Vatikanet. Mafiaens kontakter har flere gange forsøgt at få mafiaen til at løse specifikke opgaver, men det er kun lykkedes, hvis mafiaen selv havde en interesse deri. Der er intet, der tyder på, at mafiaen er styret udefra.

Omfanget af samarbejdet mellem dele af statsmagten og mafiaen har nået et sådant omfang, at det ikke længere er rimeligt blot at tale om korruption og afpresning: der er tale om en egentlig sameksistens mellem mafia og stat, en gensidig accept af den andens eksistens og rettigheder. Sameksistensen er dog gradvis blevet nedbrudt gennem 1980'erne, primært som følge af den juridiske accept af Buscettas teorem og den klemme, som det bragte mafiaens ledelse i.

Kapitel 8

Det samlede billede

Tidligere har den udbredte sameksistens mellem mafiaen på den ene side og erhvervsliv, politikere og statsapparat på den anden side været berørt flere gange. Dette kapitel vil diskutere sameksistensen, som den var før mafia-krigen først i 1980'erne, samt diskutere betydningen af dens sammenbrud gennem 1980'erne.

En model for sameksistens

Vi har indtil nu set, hvordan der har udviklet sig en sameksistens mellem mafia og erhvervsliv, mellem mafia og retsvæsen samt mellem mafia og politikere. Forholdene mellem mafia, erhvervsliv, retsvæsen og det politiske system er et samspil mellem fire former for magt: politisk magt, økonomisk magt, politi og retsvæsen samt mafiaens kontrol over territoriet. Lad os gennemgå dem ganske kort, før vi ser på deres indbyrdes sammenhæng.

Den politiske magt ligger i hænderne på partierne, partifraktionerne og de valgte politikere, og består i en klientelistisk sammenhæng frem for alt i indflydelse på fordelingen og anvendelsen af det offentliges ressourcer, der kan være alt fra pensioner og jobs til byggetilladelser og offentlige arbejder, samt mulighed for at påvirke forskellige dele af statsapparatet, som for eksempel kontrolinstanser og retsvæsenet.

Den økonomiske magt ligger i råderetten over kapital og produktionsmidler. Det giver adgang til det, der kan købes, og mulighed for at skabe jobs. Stadig i en klientelistisk sammenhæng betyder det muligheder for at 'handle' med politikerne.

Retsvæsenet i Italien er formelt uafhængigt og selvregulerende, men i praksis har det altid været et let offer for politisk pression, da politiske venner eller fjender kan skabe eller ødelægge en karriere, og da dommerne er organiserede i grupperinger, der er tilknyttede partierne.

Kontrol over territoriet betragtes normalt som en funktion, der karakteriserer staten, og her tænkes ofte på statsmagtens monopol på voldsudøvelse. Ud over en rent fysisk kontrol med territoriet og dets grænser dækker begrebet også over kontrol med alle væsentlige økonomiske, politiske og sociale aktiviteter. På Sicilien har staten aldrig været i stand til at sikre sig den kontrol på tilfredsstillende vis, og tomrummet blev udfyldt af mafiaen allerede i forrige århundrede. Hver enkelt mafia-familie har i statens fravær overtaget kontrollen i lokalområdet, og disse områder har efterhånden udviklet sig til familiernes territorier. Kontrollen opretholdes ved hjælp af vold og trusler mod alle, der deltager i aktiviteter, den lokale mafia ikke har godkendt.

Begrænser vi os et øjeblik til forholdet mellem politiske og erhvervsmæssige interesser, kan vi med fordel se på Norditalien og de korruptionsskandaler, der gennem de sidste år er blevet afsløret der. De har blotlagt et symbiotisk forhold mellem de ledende partifraktioner, mestendels i DC og PSI, og de dele af erhvervslivet, der beskæftigede sig med offentlige arbejder og leverancer. Virksomhederne måtte betale en vis procentdel af værdien af en opgave til politikerne og partierne, der til gengæld lod dem tage en højere pris, som stats- eller kommunekassen betalte.

Forholdet har styrket begge parter på almenvellets bekostning og har ikke engang været specielt godt skjult; kun omfanget lader til at have overrasket. Det har været beskyttet af den tavshed, forholdet naturligt medfører, samt af passivitet i pressen og retsvæsenet. Symbiosen kan delvis genfindes på Sicilien, blandt andet i Catania, men ellers kompliceres forholdet med mafiaens tilstedeværelse.

Grundlaget for mafia-familiernes magt er kontrollen over territoriet. Det bekræftes af talrige pentiti. Mafia-familierne sikrer sig herved en stærk politisk, økonomisk og social position lokalt og med den gradvise dannelse af Cosa Nostra også en solid position regionalt og nationalt. Mafiaens politiske indflydelse bygger primært på kontrol med stemmer, men kontrollerer familien store dele af et lokalsamfunds økonomi og sociale liv, så kontrollerer den også mange af stemmerne i området. Den rent fysiske kontrol med territoriet modvirker også uønsket politisk aktivitet, og giver samtidig en effektiv kontrol med de lokale økonomiske aktiviteter, da al anden aktivitet udsættes for alvorlige repressalier.

Den fjerde magtfaktor, politi og retsvæsen, kommer ind i billedet som følge af den voldsanvendelse, der tjener til at opretholde kontrollen med territoriet, men frem til 1980'erne har mafiaen altid kunnet afværge retsforfølgelse gennem politiske kontakter.

Der aftegner sig således en model for mafiaens forhold til det omgivende samfund, hvor mafiaen udveksler stemmer mod straffrihed med politikerne og partierne, og hvor erhvervslivet med magt og mod betaling bliver underlagt mafiaens regulering og konkurrencestyring. Forholdet mellem politikere og erhvervsliv vedrørte ikke mafiaen væsentligt før i løbet af 1960'erne, da den hjulpet af narkotikakapitalen tiltvang sig dominans i de vigtigste erhvervsgrene, og samtidig begyndte at styrke sine politiske aktiviteter, for at kunne styre de offentlige udgifter og beskytte sig mod retsforfølgelse. Udviklingen gennem 1950'erne og 1960'erne har ført frem til en situation, hvor mafia, politik og erhvervsliv ikke længere kan betragtes som adskilte størrelser.

Det er en vigtig del af billedet, at denne sameksistens er et sæt af relationer mellem enkeltpersoner, ikke mellem Cosa Nostra, partier eller deres fraktioner, og virksomheder. Sameksistensens betydning ligger i, at selv om de bygger på personlige relationer, så indtager parterne så centrale roller på deres respektive områder, at de har mulighed for mærkbart at påvirke organisationernes adfærd. Således har et venskab mellem en mafioso og en politiker en helt anden og større rækkevidde, hvis det er mellem personer som Stefano Bontate og Salvo Lima, der begge havde stor indflydelse i henholdsvis Cosa Nostra og DC, og som i kraft af forholdet kunne fastholde og styrke deres position.

At sameksistensen er personorienteret skal ses i sammenhæng med en kultur, hvor netop de personlige relationer som venskab og slægtskab er afgørende. Klientelismen er en central del af denne kultur. Betydningen af de personlige relationer taget i betragtning overrasker det derfor heller ikke, at næsten alle de personer, der har taget del i sameksistensen, har mødt modstand blandt deres egne. Således har Lima haft adskillige modstandere både internt i DC og blandt regeringspartnerne, og i erhvervslivet er det langt fra alle, der har villet samarbejde. Mange erhvervsdrivende har måtte lade livet uden den store opmærksomhed, fordi de ikke ville tage del i sameksistensen.

Grundlaget for mafiaens indflydelse er, at den har tilranet sig eller fået overdraget en statsfunktion, men når kontrollen med territoriet nu er roden til mafiaens politiske og økonomiske styrke og samtidig bidrager til at undergrave tilliden til en statsmagt, der ikke er i stand til at løse en ganske væsentlig opgave, må man spørge sig, hvorfor der ikke er skredet effektivt ind over for mafiaens kontrol med territoriet.

Starten af en offensiv for at genvinde alene den fysiske kontrol med territoriet ville kræve en beslutning på højt niveau, men i en klientelistisk sammenhæng er motivationen til at tage beslutninger, der ikke fører til umiddelbare positive resultater for beslutningstagerne, ofte begrænset, og en indsats mod mafiaen kunne ikke forventes afsluttet hurtigt. Politikerne ville udsætte sig selv og deres familier for mafiaens repressalier, det ville blive kostbart uden nogen umiddelbar klientelistisk nytteværdi, det ville forringe den i forvejen katastrofale sociale situation på øen, og det ville koste stemmer ved det følgende valg, hvilket blot ville komme en konkurrerende fraktion til gode. At genvinde kontrollen med territoriet på det sociale og kulturelle plan ville kræve en endnu større indsats og ville ligeledes undergrave beslutningstagernes klientelistiske grundlag. For politikerne var der adskillige gode grunde til at søge en form for overenskomst med mafiaen, for omkostningerne ved en reel bekæmpelse af den ville være store, sandsynligheden for succes lille, og den mulige politiske gevinst endnu mindre. Udviklingen gennem 1980'erne viste klart, at det eneste, der kan gennemtvinge en målrettet indsats mod mafiaen, er en offentlig opinion, der gør det politisk set endnu dyrere *ikke* at bekæmpe mafiaen.

Begrænser vi os til perioden fra 1950'erne til 1978, da Cosa Nostra i Palermo var domineret af familierne Bontate, Greco, Badalamenti og deres allierede, var den erklærede politik sameksistensen: „man kan ikke føre krig mod staten", skulle Badalamenti have sagt ifølge Buscetta. Uden for Palermo stod Giuseppe Di Cristina i Caltanissetta-provinsen og Pippo Calderone i Catania for samme politik. Det gav sig primært udslag i, at mafiaen undlod handlinger, der kunne tvinge politikerne til at reagere. De eneste to begivenheder i perioden, der førte til et midlertidigt brud på sameksistensen, var bomben i Ciaculli i 1963, der var et utilsigtet resultat af en intern konflikt, og mordet på Pietro Scaglione i 1971, som meget tyder på, at Leggio og corleoneserne stod bag.

Ellers er perioden ganske fattig på voldshandlinger mod repræsentanter for staten, specielt set i forhold til de følgende år og corleonesernes voldsorgier. Som eksempel på denne tilbageholdenhed nævner Antonino Calderone sagen om vicepolitimester Cipolla, som han og hans bror Pippo forsøgte at få forflyttet fra Catania i 1977. Calderone anfører selv, at nu ville en sådan gene blot blive likvideret. Ligeledes sigende er tidspunktet for mordet på Cesare Terranova, der i 1965 var forundersøgelsesdommeren bag Catanzaro-processen. Trods hans engagerede forarbejde til processen, og de gener samme proces gav mafiaen, blev han først myrdet i 1979, da tilløbet til den anden mafia-krig var i gang.

Fraværet af mafia-angreb på repræsentanter for staten frem til 1978 førte til moderat mediedækning og tillod politikerne at forsvare den manglende indsats mod mafiaen med, at den jo alligevel ville dø, når statsstøtten bragte økonomisk udvikling til Sicilien. Selv påstanden om, at mafiaen slet ikke eksisterede, og at det hele blot var norditalienske forsøg på at diskreditere siciliansk erhvervsliv og kultur, blev jævnligt fremført.

Ophøret af sameksistensen

Fra 1979 skete der en dramatisk ændring, da Michele Reina (leder af DC i Palermo-provinsen), Boris Giuliano (chef for *Squadra Mobile* i Palermo) og Terranova alle blev myrdet af mafiaen. Året efter blev Piersanti Mattarella (præsident for Sicilien), Emanuele Basile (Carabinieri-kaptajn) og Gaetano Costa (offentlig anklager i Palermo) myrdet, og i 1982 kom turen til Pio La Torre, tre carabinieri, der beskyttede en anholdt mafioso, samt Paolo Giaccone (retsmedicinsk konsulent i Palermo, der nægtede at forfalske en erklæring om en anholdt mafioso) og Carlo Alberto dalla Chiesa (præfekt og dermed statens højeste repræsentant i Palermo). Det er klart, at sameksistensen her blev brudt, selv om samtiden ikke var i stand til at fortolke begivenhederne. På samme tid rasede den anden mafia-krig, der førte til mordene på Stefano Bontate og Salvatore Inzerillo i 1981, samt på hundredevis andre mafiosi og deres slægtninge.

Det tidsmæssige sammenfald og det faktum, at corleoneserne siden er blevet tilskrevet alle mordene, betyder, at mordene nødvendigvis må ses i sammenhæng med corleonesernes igangværende krig mod de gamle mafia-familier i Palermo. Det var netop corleonesernes fjender, der havde kontakterne til de højt placerede politikere og forretningsfolk og derfor repræsenterede sameksistensen. Corleoneserne har ved at angribe repræsentanter for staten kunnet undergrave sameksistensen og derigennem kunnet ramme deres fjender internt i Cosa Nostra. Har de samtidig kunnet eliminere personer, der var til gene for dem selv, var det kun en yderligere fordel. Adskillige af mordene kan dog ikke forklares alene ved nytten af eliminationen af personerne. Det gælder for eksempel mordet på Terranova.

Det lader dog til, at corleoneserne forregnede sig. Samtidig med at de gennem 1980'erne angreb staten på en hidtil uset måde, forsøgte de at drage de politiske kontakter over på egen side. Mordet på Reina, der stod Lima nær, bliver i mangel på et kendt motiv normalt fortolket som en tidlig advarsel til Lima om, at han skulle genoverveje sit valg af venner i Cosa Nostra. Det gjorde han efter mordet på Bontate, og der etableredes kontakt mellem Lima og corleoneserne gennem Ignazio Salvo.

Corleoneserne, der fra midten af 1980'erne havde etableret sig som ledere af Cosa Nostra over hele Sicilien, stod over for adskillige alvorlige retssager, heriblandt maxi-processen og Basile-processen, og de havde brug for politisk støtte til

Salvo Limas død. Efter at have været mafiaens politiske talerør gennem næsten fyrre år, indhentede fortiden Salvo Lima den 12. april 1992. På vej hjem en tidlig morgen efter et privat valgmøde blev Limas bil passet op af to mænd på motorcykel, der skød efter bilen. Lima forsøgte at løbe bort fra bilen, men den ene mand løb efter ham og skød ham ned på klods hold. Lima havde ikke holdt sine løfter til mafiaen, og han betalte prisen. I en større sammenhæng må mordet ses som en meddelelse til Limas 'chef', Giulio Andreotti, der med tabet af Limas støtte blev voldsomt svækket ved det følgende valg.

Foto: Labruzzo/Giacomino Foto.

at 'justere' processerne. Samtidig havde mafia-krigen og angrebene på staten ødelagt muligheden for en fortsat, fredelig sameksistens. Volden vendte den offentlige opinion mod mafiaen og dens venner, den førte til en massiv pressedækning på nationalt og internationalt plan, og fra politisk hold øgedes presset mod eksponenterne for sameksistensen.

Det er på den baggrund, at pentiti'enes beretning om 'justeringen' af maxi-processen skal ses. Lima kæmpede for at reetablere en sameksistens ved at 'justere' processen — der var mere end blot hans politiske liv på spil — men han havde alle odds imod sig, og det mislykkedes da også.

Under maxi-processen stoppede corleoneserne meget af volden, sandsynligvis for at begrænse skaderne, men retssagerne fastholdt opinionen, pressedækningen og den politiske modstand mod mafiaens venner, og efter dommen i maxi-processen blussede mafia-volden op igen. Det førte til flere retssager, mere omtale og større politisk modstand, der igen resulterede i mere vold. Den onde cirkel var uafvendelig.

På ét punkt brød sameksistensen ikke sammen. Det var i forholdet mellem mafiosi og erhvervsfolk, idet de sidste blot accepterede, at magten internt i mafiaen havde skiftet hænder, og fortsatte samarbejdet med de nye mafia-capo'er. Det vigtigste for erhvervsfolkene var, at forretningen kørte videre; de måtte bøje sig for realiteterne.

Staten i offensiven

Før sommeren 1992 blev mafiaens kontrol over territoriet i realiteten aldrig forsøgt antastet. Først efter mordet på Salvo Lima kort før parlamentsvalget i april 1992, mordet på Giovanni Falcone, der var det ypperste symbol på kampen mod mafiaen, samt hans kone og hans livvagter i maj 1992, og mordet på Paolo Borsellino og hans livvagter i juni 1992 skred den nydannede regering ind og sendte syv tusinde mand fra hæren til Sicilien, specifikt med henblik på at etablere statsmagtens kontrol over territoriet, for derved at fjerne grundlaget for mafiaens magt.

Beslutningen var meget omdiskuteret, men hærens tilstedeværelse har haft mange positive følger. Borgerne kunne for første gang se, at staten gjorde noget, den almindelige småkriminalitet forsvandt stort set, og soldaterne overtog mange simple overvågnings- og reguleringsopgaver, der frigjorde politimandskab til egentligt efterforskningsarbejde.

Nu er næsten alle de vigtigste af Cosa Nostras ledere anholdt og mange anbragt i skærpet isolation på fængselsøen

Asinara, og et meget stort antal personer, der var 'hævet over mistanke', men i realiteten samarbejdede med mafiaen, er afsløret, heriblandt dommere, politifolk, notarer, agenter for de hemmelige tjenester, og mange andre repræsentanter for statsmagten. Trods dette er der intet, der tyder på, at mafiaen er slået. I adskillige kommuner, heriblandt Corleone, fik venstrefløjen flertal ved lokalvalget i november 1993, og siden har mafiaen ført en intimidationskampagne mod borgmestre og byrådsmedlemmer. Mafiaen har sat ild til deres biler og huse og har intimideret dem på andre måder. Fagforeningsaktivister har ofte fået en tilsvarende behandling.

Det er også klart, at hæren alene ikke kan løse problemet. Den kan måske bidrage til at give staten øget *fysisk* kontrol over territoriet, men den løser ikke de sociale problemer, der muliggør en stadig rekruttering til mafiaen blandt de unge i byernes slum; den svækker ikke det kulturelle grundlag, der ligger bag et fænomen som mafiaen; den påvirker ikke mafiaens økonomiske indflydelse, der er ganske betragtelig; og den forhindrer ikke mafiaen i stadig at søge politisk magt. Trods den øgede indsats fra statens side lader det ikke til, at det er lykkedes at fravriste mafiaen kontrollen over lokalsamfundene.

Kapitel 9

Konklusion

Lad os vende tilbage til det indledende spørgsmål om, hvordan mafiaen har kunnet overleve de meget store samfundsmæssige ændringer, der er sket på Sicilien siden den anden verdenskrig. Vi har set, at mafiaen, der efter krigen politisk og økonomisk stod nær godsejernes interesser, i 1950'erne etablerede bånd til den nye italienske magtelite, der på nationalt plan var centreret omkring DC og på Sicilien omkring de unge tyrkere. Samtidig flyttede mafiaens økonomiske interesser sig fra landet til byerne, gennem engroshandel med landbrugsprodukter og gennem den omfattende byggespekulation. Transitionen skete gennem mafiaens kontrol over lokalsamfundene, der gav kontrol over stemmer og lokal politisk og økonomisk aktivitet. *Operazione Milazzo* bidrog til at klargøre styrkeforholdet mellem mafiaen og de nye allierede og demonstrerede, at de nye politiske magthavere ikke kunne regne med at regere Sicilien uden mafiaens støtte.

Den videre udvikling så en stadig forskydning af magtbalancen i mafiaens favør, såvel på det økonomiske som på det politiske plan. Partiernes og fraktionernes øgede afhængighed af mafiaens støtte sikrede, at statens indsats mod mafiaen forblev spag og ineffektiv. Kombinationen af en stadig større politisk og økonomisk indflydelse og en målbevidst, nøje afmålt anvendelse af vold førte gradvist til etablering af en sameksistens mellem mafiaen på den ene side og statsmagten, politikerne og erhvervslivet på den anden. Sameksistensen kan betragtes som en *de facto* anerkendelse af mafiaen fra politisk hold, og den blev kun afbrudt ved enkelte lejligheder, når mafiaens handlinger tvang politikerne til at reagere. Det skete i 1963 og i 1971, men sameksistensen reetableredes hurtigt igen.

Anderledes blev situationen i 1980'erne, da mafia-krigen førte til elimination af de ledere i Cosa Nostra, der stod for sameksistensen, og til så ekstreme forhold på Sicilien og i Palermo, at både politikere og retsvæsen blev tvunget til at skride ind. Den oprørte offentlige opinion, den store mediebevågenhed og flere opsigtsvækkende retssager mod Cosa Nostras nye ledelse vanskeliggjorde en genoptagelse af sameksistensen, selv om begge parter syntes indstillede på det. Det krævede, at retssagerne mod Cosa Nostras ledelse blev 'justeret', men det mislykkedes definitivt i 1992, og bruddet var uundgåeligt.

Cosa Nostra reagerede med vold, mord og terror, samtidig med at mafiaens tidligere politiske allierede svækkedes yderligere ved parlamentsvalget i 1992 (delvis takket være Cosa Nostra selv), af korruptionsskandalerne, der går under navnet 'Tangentopoli', samt ved lokalvalgene i 1993 og endelig ved parlamentsvalget i 1994, der nærmest eliminerede de tidligere allierede fra den politiske scene. Resultatet af sammenbruddet og Cosa Nostras reaktion har været, at staten siden 1992 har gennemført en blitzkrig mod Cosa Nostra, der har ført til anholdelse af næsten hele Cosa Nostras ledelse, afsløringer af Cosa Nostras hjælpere i statsinstitutionerne samt en strøm af nye pentiti.

Svaret på det indledende spørgsmål findes derfor i sameksistensen, som den er skitseret i forrige kapitel. Sameksistensen har i realiteten gjort mafiaen til en del af samfundsstrukturen: formelt set ulovlig, men reelt anerkendt og accepteret. Politikere, embedsmænd og forretningsfolk har samarbejdet og tolereret mafiaens eksistens og aktiviteter og derved gjort statens svar på mafiaens udfordring ineffektivt og utilstrækkeligt. Sameksistensens sammenbrud kan ikke alene tilskrives staten, men derimod en kombination af flere indbyrdes afhængige årsager: den offentlige opinion, mediernes vedholdende dækning af volden og mafia-retssagerne, og frem for alt indsatsen fra nogle få engagerede dommere og politifolk, som ikke lod sig stoppe af modstanden i og uden for egne rækker. Fælles baggrund for disse årsager er den omfattende, næsten grænseløse vold, som corleoneserne anvendte i forbindelse med deres overtagelse af ledelsen.

Desværre har dette svar sine begrænsninger. De politiske og økonomiske sider af mafiaens aktiviteter er kun en del af den samlede forklaring på mafiaens overlevelse. Svaret peger også kun bagud i tid, og argumentationen svækkes af de tidligere diskuterede problemer med kildematerialet.

Flere faktorer er kun blevet nævnt i forbifarten. Specielt er de sociale forhold på Sicilien kun inddraget i begrænset omfang. Vigtige problemer som rekruttering til mafiaen og mafiaens rolle som ideal og vej til socialt avancement er ikke blevet behandlet. Det har selvsagt også bidraget til mafiaens overlevelse, at den kulturelt set ikke nødvendigvis har været i modstrid med de gængse værdier og normer i befolkningen. Mafiaen er måske ikke ligefrem blevet beskyttet af den brede befolkning, men mange har dog set på mafiaen med velvillig passivitet. Samtidig er det klart, at mafiaens sociale og kulturelle aspekter alene langt fra vil kunne forklare mafiaens overlevelse og opblomstring. De kriminelle aktiviteter er kun blevet inddraget i det omfang, de har påvirket de økonomiske og politiske aktiviteter, men heller ikke de kan forklare mafiaens styrke og modstandsdygtighed alene.

Desværre kan modellen ikke bruges til at vurdere den fremtidige udvikling. Sameksistensen er ophørt og alliancen er brudt, så mens de nye pentiti har kunnet kaste lys over mange af fortidens spørgsmål og mysterier, er den nuværende situation ganske uforudsigelig. Cosa Nostra har, hvis organisationen stadig eksisterer, enten fået en ny generation af ledere eller også står kampen om ledelsen endnu på. Samtidig er næsten hele den politiske elite i Italien og på Sicilien, inklusiv Cosa Nostras tidligere allierede, blevet skiftet ud, så alle muligheder står åbne. Mens fortiden gradvist bliver klarere, tegner fremtiden sig stadig mere uklar.

Den problematiske kildesituation fordrer, at der tages nogle forbehold over for det endelige resultat. Fragmenteringen af kildematerialet betyder, at en historie som denne er stykket sammen af et stort antal små delhistorier, hvis indbyrdes forhold det kan være meget vanskeligt at dokumentere. Således har langt de fleste pentiti deres vigtigste oplysninger fra andre mafiosi, typisk fra højere rangerende, som de var fortrolige med, og som siden er blevet myrdet. Pentiti'enes udsagn giver også problemer, i det omfang specifikke oplysninger ikke kan kontrolleres. Her er historien om Riinas og Andreottis møde og deres venskabelige kindkys symptomatisk. Oplysningen er yderst relevant, ikke kun ud fra et juridisk synspunkt, men da der angiveligt ikke var andre vidner, kan den aldrig verificeres.

Problemet med anvendelsen af kilderne til forholdene internt i mafiaen er således, at ikke blot er der grænser for, hvor meget vi ved, men der er også ganske snævre grænser for, hvad vi ved med sikkerhed. Desværre kaster det et skær af tvivl og usikkerhed over alle skrifter om mafiaen, og det kan ikke undgås. Man kan ikke skrive om mafiaen og dens aktiviteter uden at inddrage pentiti'ene, men vi kan aldrig være helt sikre på, at deres beretninger er holdbare.

Et ligeledes stort problem er de meget begrænsede muligheder for at lave præcise kvantitative vurderinger af mafiaens omfang, styrke og indflydelse gennem perioden. På intet tidspunkt er det blevet til mere end indicier, mere eller mindre velbegrundede skøn eller ligefrem gætterier på grundlag af enkeltoplysninger, der ikke nødvendigvis er repræsentative. Problemet forhindrer os i at besvare yderst relevante spørgsmål, såsom hvor stor del havde mafiaen i byggespekulationen, hvor stor kontrol har mafiaen etableret over bestemte erhvervsgrene, hvor meget kapital råder mafiaen over, og hvor mange stemmer kan mafiaen kontrollere ved valgene. Selv tilsyneladende banale spørgsmål, som hvor mange mafiosi der er, kan ikke besvares. Det er selvsagt en alvorlig mangel, at man ved diskussionen af et problem ikke er i stand til at redegøre for problemets numeriske omfang.

Det burde dog være påvist, at omfanget er sådant, at emnet fortjener en grundig behandling. Ser man på den personskare, der har stået for sameksistensen, bliver omfanget og betydningen af alliancen klar. På det politiske plan er det blandt andet Salvo Lima, Vito Ciancimino, Giovanni Gioia og Mario D'Acquisto, der alle er personer med centrale positioner i lokal, regional og national politik og alle med veletablerede mafia-kontakter.

Blandt forretningsfolkene er Francesco Vassallo, Arturo Cassina, fætrene Salvo, og riddere fra Catania fremtrædende, og de er blot toppen af et erhvervsliv, der er tæt sammenvævet med politiske og kriminelle interesser.

I mafiaen repræsenteredes sameksistensen af don Paolino og Stefano Bontate, Greco'erne, Badalamenti, Inzerillo, Spatola og lederne af de andre 'gamle' familier i Palermo. Uden for Palermo af Pippo Calderone i Catania, Giuseppe Di Cristina i Caltanissetta og mange andre lokale capo'er.

Personerne er knyttet sammen på tværs af alle formelle skel i et tæt sammenvævet netværk af personlige relationer, der er bygget på slægtskab, venskab, interessesammenfald og fælles kulturel og social baggrund. Mange af personerne kan ikke entydigt placeres i en enkelt kategori, men formår at være både politikere, forretningsmænd og mafiosi. Fælles for dem alle er dog, at de har indtaget centrale og indflydelsesrige positioner i de kredse, de har indgået i, og at de derfor har været i stand til at varetage mafiaens interesser yderst effektivt. I fællesskab har de domineret efterkrigstidens Sicilien, de har været den herskende elite. Siciliens politiske liv og erhvervsliv har været styret af mafiaen, der dermed har skaffet sig indflydelse på allerhøjeste niveau i Italien. Det er næppe mindre skræmmende end de mange myter, der cirkulerer om mafiaen. Snarere tværtimod.

Kapitel 10

Den seneste udvikling

I de seneste år er der sket meget store ændringer i italiensk politik, og specielt efter parlamentsvalget i marts 1994, hvor næsten alle de gamle partier stort set blev elimineret. Fire femtedele af parlamentets medlemmer er blevet skiftet ud. Det tidligere så magtfulde DC er nu splittet i to partier, begge ganske små, hvoraf det ene deltager i den regerende højrekoalition og det andet er i opposition. Den regerende koalition, der har flertal i det ene kammer og kun mangler få mandater i det andet, består af det norditalienske protestparti Lega Nord, mediemagnaten og statsminister Silvio Berlusconis politiske bevægelse *Forza Italia* og en højrealliance med ny-fascisterne. Selv om der er sket en omfattende personudskiftning i parlamentet og i regeringen, er det ikke et fuldstændigt brud med fortiden. Mange af de nye er slet ikke så nye og uskyldsrene, som de gerne giver udtryk for. Således var Silvio Berlusconi og flere andre ledende personer i *Forza Italia* medlemmer af den hemmelige og senere forbudte frimurer-loge P2.

Mafiaens tidligere allierede i parlamentet er alle forsvundet, med undtagelse af Giulio Andreotti, der som livstidssenator ikke er på valg, men hans indflydelse i det nye parlament er lig nul. Det er derimod højst uklart, om mafiaen har fundet nye politiske allierede i Rom. Der var allerede i forbindelse med valgkampen i 1994 rygter i omløb om kontakter mellem mafiaen og repræsentanter for *Forza Italia*. Senere har medlemmer af regeringen og repræsentanter for *Forza Italia* også luftet tanker, som virker skræmmende.

Berlusconi-regeringens talsmand Giuliano Ferrara har i medierne rettet et voldsomt angreb på pentiti'ene, og andre har ytret ønske om, at loven om opmuntring og beskyttelse af pentiti blev revideret, uden det klart er kommet frem, på hvilken måde den skulle revideres. Udsagnene har selvsagt ført til et ramaskrig fra dele af dommerstanden og fra venstrefløjen, der ganske korrekt ser pentito-loven som en hjørnesten i offensiven mod Cosa Nostra og andre mafiøse sammenslutninger. Det er tvivlsomt, om der vil være politisk flertal for en svækkelse af pentito-loven, men administrativt er den allerede svækket, blandt andet ved at den praktiske beskyttelse af pentiti'ene ikke længere varetages af et centralt organ, men af det lokale politi, hvorved viden om pentiti'enes opholdssteder og falske identiteter spredes til et urimeligt stort antal personer. Flere pentiti er allerede begyndt at tie stille og enkelte har endda forsøgt at undvige: pentiti'enes tillid til staten er ikke blevet styrket, og det mindsker potentielle nye pentiti's incitament til at samarbejde.

Den skærpede isolation, som de fleste mafia-bosser er underlagt i fængslerne, er også under angreb. Justitsministeren, Alfredo Biondi fra *Forza Italia*, har af hensyn til retsbevidstheden argumenteret for en lempelse af de meget strikse fængselsforhold, og selv om der ikke er vedtaget nogen ændringer, er også disse regler blevet forvaltet meget lempeligt. De fleste ledende mafiosi er involveret i adskillige retssager, som de har ret til at følge personligt, og de opholder sig derfor relativt sjældent i de specielle højsikkerhedsfængsler, der var dem tiltænkt. Symptomatisk er, at Totò Riina kun har opholdt sig på fængselsøen Asinara i få uger siden hans anholdelse i januar 1993. Resten af tiden har han tilbragt i

Totò Riina i fængsel. *La belva*, eller 'rovdyret' som hans tilnavn er, blev anholdt i januar 1993 efter 23 år på flugt, og han afsoner nu flere livstidsdomme. Han har kun gået få år i skole og er analfabet, men hans snuhed og brutalitet bragte ham til tops i Cosa Nostra. Han ses her ved et retsmøde.   Foto: Ninì Battaglia/Giacomino Foto.

alle mulige andre fængsler under lempeligere vilkår, og sikkerheden ved retssagerne har været så slap, at det endda er lykkedes Riina i en pause i retshandlingerne at afholde et tv-interview fra sin celle i retssalen. Vagterne skred ikke ind, da Riina for tændte kameraer begyndte at tale med journalisterne. Han henvendte sig direkte til regeringen, angreb pentiti'ene og udsendte kamuflerede dødstrusler mod flere navngivne personer[1].

Som prikken over i'et har der senest været antydninger om hjemkaldelse af de hærenheder, der blev sendt til Sicilien efter mordene på Falcone og Borsellino i 1992. Det vil betyde

---

[1] Truslerne var rettet mod Luciano Violante, tidligere formand for antimafia-kommissionen, Giancarlo Caselli, offentlig chefanklager i Palermo siden Riinas anholdelse, og sociologen og nuværende parlamentsmedlem Pino Arlacchi, „som skriver bøger".

en svækkelse af politiindsatsen mod mafiaen, da soldaterne nu løser mange trivielle politiopgaver, og dermed fristiller egentligt politi til efterforskning af mafia-sager.

Berlusconi-regeringen har haft adskillige konflikter med retsvæsenet, specielt i Milano og Palermo. Dommerne beskyldes for at have politiske ambitioner og for at lade dette smitte af på deres arbejde. Tonen mellem regeringsrepræsentanter og dommere har ofte været meget skinger. De mange stridigheder har ikke givet retsvæsenet meget ro til at løse de egentlige opgaver, og de har bidraget til at svække indsatsen mod både mafiaen og den udbredte korruption.

Det er vigtigt at forstå den tidligere sameksistens, dens oprindelse og dens baggrund, for at det kan forhindres, at tilsvarende alliancer udvikler sig i fremtiden. At risikoen er der, kan ikke afvises. Mafiaen har altid beskyttet sig gennem politiske kontakter, og i den nuværende situation med store dele af ledelsen i fængsel og den gamle sameksistens ophørt er det kun naturligt, hvis ledelsen af Cosa Nostra søger en overenskomst med den nye politiske klasse. Uanset motiverne er der ingen tvivl om, at mafiaen opfatter svækkelserne af beskyttelsen af pentiti'ene og lempelserne af fængselsforholdene som en åbning, som et forhandlingsudspil.

Fra politisk side har Lega Nord ingen interesse i en alliance med mafiaen, da det er et norditaliensk parti med et føderalistisk program. Fascisterne er velorganiserede og står meget stærkt i Syditalien. *Forza Italia* er derimod svagt organiseret, domineret af norditalienere, men med behov for en solid opbakning i hele landet, hvis det skal holde sammen på koalitionen mellem Lega Nord og ny-fascisterne. *Forza Italia* er derfor dobbelt svag over for mafiaen. Bevægelsen har brug for den vare, mafiaen tidligere har kunnet levere, stemmerne, og på grund af bevægelsens svage organisation vil den være et relativt let mål for mafia-infiltration. Det er en situation, der ikke er helt ulig den, de kristelige demokrater befandt sig i efter krigen, men om fremtiden vil byde på nye Salvo Lima'er og Ciancimino'er i *Forza Italia*s rækker er det endnu for tidligt at spå om. De hidtidige signaler fra flere af bevægelsens medlemmer er ikke betryggende.

Fremtiden kan forhåbentlig også byde på mere positive udviklinger. Meget tyder på, at der fortsat vil komme nye oplysninger frem om mafiaen og dens politiske aktiviteter, blandt andet fra retssagen mod Bruno Contrada og fra den kommende retssag mod Giulio Andreotti. Disse sager vil uden tvivl strække sig over mange år. Specielt sagen mod Andreotti er interessant, da det er første gang, en så højt placeret person anklages for at have dyrket forbindelser til mafiaen. Sagen bygger primært på udsagn fra adskillige pentiti om, hvordan Andreotti ved forskellige lejligheder skulle have hjulpet mafiaen og endda have mødt lederne flere gange.

Trods den megen uro omkring mafia-bekæmpelsen fortsætter retsvæsenet stadig sin kamp mod mafiaen og dens politiske forbindelser. Det eneste, der er helt sikkert, er, at vi ikke har hørt det sidste til mafiaen og dens venner.

Bibliografi

Litteraturen om mafiaen er meget omfattende, og bibliografien er derfor langt fra komplet. En langt mere uddybende bibliografi findes i La Fiura, *Droghe e mafie*, og eventuelt Santino mfl., *L'impresa mafiosa*, der kan suppleres med Provvisionato, *Segreti di mafia*, for de sidste års produktion. På dansk findes kun ganske lidt om den sicilianske mafia. Ud over de ofte citerede værker af Peter Søndergaard, findes også værker af Thomas Harder, Anders Kærgaard og Martin Burcharth (se nedenstående liste).

Giuseppe Alongi, *La maffia*, Bocca, Torino, 1886. Genudgivet på Sellerio, Palermo, 1977.

Giuseppe Alongi, *La mafia. Fattori, manifestazioni, rimedi*, A. Forni, Palermo, 9. udgave, 1904.

Pino Arlacchi, *Mafia, contadini e latifondo nella Calabria tradizionale*, Il Mulino, Bologna, 1980. Findes i engelsk oversættelse: „Mafia, peasants and great estates: Siciety in traditional Calabria", Cambridge, 1983.

Pino Arlacchi, *La mafia imprenditrice. L'etica mafiosa e lo spirito del capitalismo*, Il Mulino, Bologna, 1983. Findes i engelsk oversættelse: „Mafia Business", London, 1986.

Pino Arlacchi, *Gli uomini del disonore. La mafia siciliana nella vita del grande pentito Antonino Calderone*, Mondadori, Milano, 1992. Findes i dansk oversættelse: „Mænd uden ære", København, 1993.

Pino Arlacchi, *Addio Cosa Nostra. La vita di Tommaso Buscetta*, Rizzoli, Milano, 1994.

Francesco Bevivino, *Relazione della commissione ispettiva nominata con decreto del presidente della regione siciliana n. 25719 del 15 novembre 1963, integrata con decreto n. 0212 del 21 gennaio 1964, per una ispezione straordinaria presso il comune di Palermo*, Palermo, 13. februar 1964. Genoptrykt i Carraro, *Documentazione allegata alla relazione conclusiva*.

Enzo Biagi, *Il boss è solo*, Mondadori, Milano, 1986.

Anton Blok, *The Mafia of a Sicilian Village, 1860–1960. A Study of Violent Peasant Entrepreneurs*, Harper, New York, 1975.

Pino Buongiorno, *Totò Riina. La sua storia*, Rizzoli, Milano, 1993.

Martin Burcharth, *Mafiaen. Økonomisk kriminalitet over grænser*, Greve, Børsen Bøger, 1993.

Paolo Cabras, (red.), *Relazione sulle amministrazioni comunali disciolte in Campania, Puglia, Calabria e Sicilia*, Doc. XXIII, n. 5 (XI legislatura), Commissione parlamentare d'inchiesta sul fenomeno della mafia e sulle altre associazioni criminali similari, Senato della Repubblica, Roma, 1993.

Mario Caciagli, *Democrazia Cristiana e potere nel Mezzogiorno. Il sistema democristiano a Catania*, Guaraldi, Firenze, 1977.

Luigi Carraro, (red.), *Relazione Conclusiva*, Doc. XXIII, n. 2 (VI legislatura), Commissione parlamentare d'inchiesta sul fenomeno della mafia in Sicilia, Senato della Repubblica, Roma, 1976.

Luigi Carraro, (red.), *Documentazione allegata alla relazione conclusiva*, Doc. XXIII, n. 1 (VIII legislatura), vol. IV, tomo VI, Commissione parlamentare d'inchiesta sul fenomeno della mafia in Sicilia, Senato della Repubblica, Roma, 1979.

Raimondo Catanzaro, *Il delitto come impresa. Storia sociale della mafia*, Rizzoli, Milano, 1991 (Liviana, Padova, 1988). Findes i engelsk oversættelse: „Men of Respect. A Social History of the Sicilian Mafia", New York, 1992.

Felice Cavallaro, *Mafia. Album di Cosa Nostra*, Rizzoli, Milano, 1992.

Mario Centorrino, *L'economia mafiosa*, Soveria Mannelli, Rubbettino, Messina, 1986.

Centro Studi Investimenti Sociali (CENSIS), *Contro e dentro. Criminalità, istituzioni, società*, Franco Angeli, Milano, 1992.

Centro Studi Investimenti Sociali (CENSIS), *La dimensione sociale dello sviluppo*, Franco Angeli, Milano, 1993.

Judith Chubb, *Patronage, Power and Poverty in Southern Italy*, Cambridge, 1982.

Marcello Cimino, „L'impero Vassallo", *L'Ora*, 30. september 1969.

Gianni Cipriani, *I mandanti. Il patto strategico tra massoneria, mafia e poteri politici*, Editori Riuniti, Roma, 1993.

Roberto Ciuni, „Il sacco di Palermo", *L'Ora*, 23., 27. og 30. juni 1961.

Nando dalla Chiesa, *Il potere mafioso. Economia e ideologia*, Mazzotta, Milano, 1976.

Saverio Di Bella, *Risorgimento e mafia in Sicilia: i mafiusi della Vicaria di Palermo*, Pellegrini, Cosenza, 1991.

Domanda di autorizzazione a procedere contro il senatore Giulio Andreotti, Doc. IV, n. 102 (XI legislatura), Senato della Repubblica, Roma, 27. marts 1993.

Dossier Andreotti. Il testo completo delle accuse dei giudici di Palermo, Mondadori, Milano, 1993. Tillæg til Panorama nr. 1408.

Christopher Duggan, *Fascism and the mafia*, New Haven, 1989.

Giovanni Falcone, *Cose di Cosa Nostra*, Rizzoli, Milano, 1991. Findes i dansk oversættelse: „Cosa Nostra: En dommers kamp mod mafiaen", København, 1993.

Leopoldo Franchetti, *Condizioni politiche e amministrative della Sicilia*, i: Franchetti mfl., *Inchiesta in Sicilia*, s. 38. 2 bind. Først udgivet i 1876.

Leopoldo Franchetti og Sidney Sonnino, *Inchiesta in Sicilia*, Vallecchi, Firenze, 1974. 2 bind. Først udgivet i 1876.

Giacomo Galante, „Cronaca della speculazione edilizia", *L'Ora*, 7., 13. og 21. juni 1973.

Alfredo Galasso, *La mafia politica*, Baldini & Castoldi, Milano, 1993.

Paul Ginsborg, *A History of Contemporary Italy. Society and Politics 1943–1988*, Penguin, 1990.

Tano Grasso, *Contro il racket. Come opporsi al ricatto mafioso*, Laterza, Roma-Bari, 1992.

Gabriella Gribaudi, *Mediatori. Antropologia del potere democristiano nel mezzogiorno*, Rosenberg & Sellier, Torino, 1991 (1980).

Thomas Harder, *Mafiaens mænd*, Viborg, Schønberg, 1990.

Henner Hess, *Zentrale Herrschaft und lokale Gegenmacht*, Mohr, Tübingen, 1970.

Anders Kjærgaard, *Mænd af ære. Klientelisme og mafia på Vestsicilien*, Århus, 1989.

Giovanni La Fiura, *Droghe e mafie. Bibliografia ragionata su narcotraffico e criminalità organizzata*, CISS — Cooperazione internazionale Sud Sud, Centro Siciliano di documentazione „Giuseppe Impastato", Palermo, 1993.

Pio La Torre, (red.), *Relazione di minoranza*, Doc. XXIII, n. 2 (VI legislatura), Commissione parlamentare d'inchiesta sul fenomeno della mafia in Sicilia, Senato della Repubblica, Roma, 1976.

Giuseppe Guido Loschiavo, *Cento anni di mafia*, Vito Bianco, Roma, 1962.

Salvatore Lupo, *Storia della mafia dalle origini ai giorni nostri*, Donzelli Editore, Roma, 1993.

Francesco Misiani, *Per fatti di mafia*, Angelo Ruggieri, Roma, 1991.

Ordinanza di custodia cautelare in carcere, Tribunale di Palermo, ufficio del giudice per le indagini preliminari, 1992. N. 5714/92 NC-DDA; N. 5099/82 GIP.

Carlo Palermo, (red.), *Codice delle Armi dell'Ordine Pubblico e della Mafia*, „I Codici Maggioli", Maggioli, Rimini, 1989.

Michele Pantaleone, *Antimafia: occasione mancata*, Einaudi, Torino, 1969.

Giuseppe Pitrè, *Usi e costumi, credenze e pregiudizi del popolo siciliano*, Palermo, 1887–1888. 4 bind. Genoptrykt på Vespro, Palermo, 1978.

Sandro Provvisionato, *Segreti di mafia*, Laterza, Roma-Bari, 1994.

Francesco Renda, *Storia della Sicilia dal 1860 al 1970*, Sellerio, Palermo, 1984–1987. 3 voll.

S. F. Romano, *Storia della mafia*, Sugar, Milano, 1964.

Filippo Sabetti, *Political authority in a Sicilian Village*, Rutgers, New Brunswick, 1984.

Umberto Santino og Giovanni La Fiura, *L'impresa mafiosa dall'Italia agli Stati Uniti*, Franco Angeli, Milano, 1990.

Jane Schneider og Peter Schneider, *Culture and Political Economy in Western Sicily*, Academic Press, New York, 1975.

Senato della Repubblica, „Catalogo della libreria", Senato della Repubblica, Roma, april 1993.

Sentenza istruttoria del processo contro Rosario Spatola più 119, Procura della Repubblica presso il Tribunale di Palermo, 1982.

Corrado Stajano, (red.), *Mafia. L'atto d'accusa dei giudici di Palermo*, Editori Riuniti, Roma, 1986.

Edwin H. Sutherland, „White collar criminality", *American Sociological Review*, s. 1 ff, 1940.

Peter Søndergaard, *Den sicilianske mafia. Tradition og modernitet*, Aalborg/Roskilde, 1989–93. 3 bind.

Giuliano Torrebruno, *Legislazione antimafia e impresa. Commento alla L. 19 marzo, n. 55 integrato con le disposizioni più recenti e di maggiore rilevanza*, Pirola, Milano, 1991.

Nicola Tranfaglia, *La mafia come metodo*, Laterza, Roma-Bari, 1991.

Nicola Tranfaglia, (red.), *Mafia, politica e affari. 1943–91*, Laterza, Roma-Bari, 1992.

Nicola Tranfaglia, (red.), *Cirillo, Ligato e Lima. Tre storie di mafia e politica*, Laterza, Roma-Bari, 1994.

Vincenzo Vasile, *Salvo Lima*, i: Tranfaglia, *Cirillo, Ligato e Lima*, ss. 185–267.

Pasquale Villari, *Lettere meridionali*, Firenze, 1875.

Pasquale Villari, *Lettere meridionali*, Successori Le Monnier, Firenze, 1878.

Luciano Violante, (red.), *Seduta di mercoledì 11 novembre 1992. Audizione del collaboratore della giustizia Antonino Calderone*, Commissione parlamentare d'inchiesta sul fenomeno della mafia e sulle altre associazioni criminali similari, Senato della Repubblica, Roma, 1992.

Luciano Violante, (red.), *Seduta di venerdì 4 dicembre 1992. Audizione del collaboratore della giustizia Leonardo Messina*, Commissione parlamentare d'inchiesta sul fenomeno della mafia e sulle altre associazioni criminali similari, Senato della Repubblica, Roma, 1992.

Luciano Violante, (red.), *Relazione sui rapporti tra mafia e politica*, Doc. XXIII, n. 2 (XI legislatura), Commissione parlamentare d'inchiesta sul fenomeno della mafia e sulle altre associazioni criminali similari, Senato della Repubblica, Roma, 1993.

Luciano Violante, (red.), *Relazione sullo stato dell'edilizia scolastica a Palermo*, Doc. XXIII, n. 6 (XI legislatura), Senato della Repubblica, Roma, 1993.

Luciano Violante, (red.), *Seduta di martedì 9 febbraio 1993. Audizione del collaboratore della giustizia Gaspare Mutolo*, Commissione parlamentare d'inchiesta sul fenomeno della mafia e sulle altre associazioni criminali similari, Senato della Repubblica, Roma, 1993.

James Walston, *The Mafia and Clientelism. Roads to Rome in Post-War Calabria*, Routledge, London, 1988.

Der er endvidere anvendt materiale fra følgende dagblade og magasiner:

L'Espresso, Rom
L'Ora, Palermo
Panorama, Segrate (Milano)
La Repubblica, Rom
Segno, Palermo
L'Unità, Rom

Indeks

Det følgende indeks indeholder alle person-, firma- og familienavne samt forkortelser, rent italienske navne og forskellige væsentlige termer og udtryk.

Allegra, Melchiorre, 82.
Alongi, Giuseppe, 9, 10, 20, 23, 24.
AMNU, *Azienda Municipalizzata Nettezza Urbana*, 71.
Andreotti, Giulio, 176, 177, 180–182, 189, 198, 204, 207, 211.
Andreottianerne (fraktion af DC), 69, 159.
Antimafia-kommissioner (generelt), 75, 76, 78–80, 88, 100, 185.
Antimafia-kommission, første (1963–76), 76, 77, 79, 80, 82, 94, 95, 97, 99, 101, 102, 108, 111, 117–119, 134, 165–169.
Antimafia-kommission, anden (1982–88), 77, 78.
Antimafia-kommission, tredie (1988–94), 78, 81, 85, 90, 94, 138, 139, 147, 150, 153, 161, 163–165, 172, 177, 189, 209.
Antimafia-pool'en, 53, 54, 178.

Arborea (firma), 169.
Arlacchi, Pino, 28, 72, 88, 94, 121, 129, 133, 134, 142–147, 153, 154, 157, 159, 163, 172, 173, 185, 209.
Assessorato agli Enti Locali, 50, 69.
Aversa (byggefirma), 108–111, 113, 115–117.
Avvenimenti, 91.

Badalamenti (mafia-familie), 132, 134, 195.
Badalamenti, Gaetano, 40, 41, 43, 127, 195, 205.
Bagarella, Leoluca, 161, 182.
Banca Privata Italiana, 159.
Banco di Sicilia, 69, 114.
Bari-processen (1974), 174.
Basile, Emanuele, 176, 196.
Basile-processen (1980–92), 176, 177, 197.
Berlusconi, Silvio, 207, 208, 210.

Bevivino, Francesco, 95, 117, 118.
Biagi, Enzo, 88.
Biondi, Alfredo, 208.
Blok, Anton, 28, 93.
Bonomo, Aurelio, 153.
Bontate (mafia-familie), 132, 135, 163, 164, 195.
Bontate, Francesco Paolo 'don Paolino', 164, 205.
Bontate, Stefano, 40–43, 127, 142, 153, 154, 158–160, 164, 170, 175, 176, 188, 194, 197, 205.
Borghese, Junio Valerio, 187.
Borsellino, Paolo, 43, 46, 55, 83, 174, 178, 199, 209.
Brusca, Bernardo, 182.
Buongiorno, Pino, 181.
Buscetta, Tommaso, 75, 83, 84, 88, 95, 111, 126, 127, 163, 167, 174, 178, 183, 188, 189, 195.
Buscettas teorem, 86, 178, 190.

Caciagli, Mario, 93.
Cadorna, Raffaele (general), 16.
Caggegi, Michele, 117.
Calderone, Antonino, 83, 88, 95, 141–146, 153–159, 161, 163, 172, 173, 175, 185, 196.
Calderone, Giuseppe 'Pippo', 141–145, 159, 172, 173, 195, 196, 205.
Calò, Giuseppe 'Pippo', 160, 188.
Calvi, Roberto, 159, 160.
Cambria (familie), 125.
Camorra, 39.

Cancemi, Salvatore, 83.
Capo decina, 37, 153.
Capo famiglia, 37, 40, 41, 112, 132, 151, 153, 199.
Caponetto, Antonino, 53, 54.
Carnevale, Corrado, 176–178, 181.
Carraro, Luigi, 76, 101.
Caselli, Giancarlo, 209.
Cassa di Risparmio, 69, 114, 115.
Cassa per il Mezzogiorno, 59–61, 102, 135, 152.
Cassina, Arturo, 136, 162, 167–169, 183, 205.
Cassina, Luciano, 169.
Cassisa, Salvatore, 161.
Catanzaro, Raimondo, 94, 121, 134, 135.
Catanzaro-processen (1968), 40, 158, 174, 175, 187, 196.
Cattanei, Francesco, 76, 79.
Cavalieri del Santo Sepolcro di Gerusalemme, 161, 183.
Cavallaro, Felice, 80.
Cavataio, Michele, 40.
Caviglia, Agostino, 109.
CENSIS (socialforskningsinstitut), 124, 137.
Centorrino, Mario, 94.
Centro Siciliano di Documentazione „Giuseppe Impastato", 90, 94.
Chiaromonte, Gerardo, 78.
Chinnici, Rocco, 53, 175.
Chubb, Judith, 68, 69, 71, 93, 103, 106, 111, 112.

Ciaculli (bilbombe i 1963), 40, 43, 45, 48, 76, 151, 153, 174, 196.
Ciancimino, Vito, 65, 101, 102, 105–108, 110–113, 117, 118, 133, 134, 136, 153, 154, 166, 167, 169–171, 205, 211.
Cimino, Marcello, 115.
Cipolla, Francesco, 172, 173, 196.
Cipriani, Gianni, 150.
Ciuni, Roberto, 105.
Columbo, Emilio, 65.
Commissione Provinciale di Controllo, 50, 69, 168.
Contorno, Salvatore, 83, 127, 178.
Contrada, Bruno, 162, 183, 211.
Corleo (familie), 125, 128.
Corleo, Luigi, 125.
Corleoneserne, 41–43, 83, 142, 160, 182, 188, 196, 197, 199, 203.
Cosa Nostra, 35, 37–39, 41–43, 83, 98, 99, 127, 128, 147, 148, 175, 176, 178, 180–185, 187–190, 193–195, 197, 199, 202, 204, 208–210.
Costa, Gaetano, 196.
Costanzo (entreprenør), 140, 141, 143–146, 156, 157, 163, 164, 185.
Costanzo, Carmelo, 140, 144, 172, 185.
Costanzo, Pasquale 'Gino', 140.
Crimi, Joseph Miceli, 159.
Crispi, Francesco, 12.
CSM, *Consiglio Superiore della Magistratura*, 53, 54.
Curcio, Renato, 188.
Cusenza, Gaspare, 114, 115.

D'Acquisto, Mario, 65, 166, 205.
dalla Chiesa, Carlo Alberto, 42, 43, 45, 48, 52, 74, 77, 80, 91, 173, 189, 197.
dalla Chiesa, Nando, 91, 93.
D'Arpa (mafia-familie), 109, 113.
DC, *Democrazia Cristiana*, 32, 63–66, 76, 77, 79, 80, 91, 104–106, 112–114, 127, 152–154, 159, 163–166, 176, 182, 192, 194, 196, 201, 207, 211.
DDA, *Direzione Distrettuale Antimafia*, 54.
De røde brigader, 188, 189.
Dekret nr. 629 af 6. september 1982, 52.
Delta Costruzioni (byggefirma), 133, 134.
Di Bella, Saverio, 11.
Di Cristina, Giuseppe, 153, 195, 205.
Di Maggio, Baldassare, 85, 87, 180, 181.
Di Matteo, Santino, 182.
Di Trapani, Nicolò, 109, 110, 112, 113.
DIA, *Direzione Investigativa Antimafia*, 54, 94.
DNA, *Direzione Nazionale Antimafia*, 54.
Drago, Antonino, 65.
Drago, Giuseppe, 109, 110.
Duggan, Christopher, 15.

ESPI, *Ente Siciliano per la Promozione Industriale*, 61.

Falcone, Giovanni, 38, 43, 46, 53–55, 83, 90, 98, 146, 170, 174, 175, 178, 182, 183, 199, 209.
Fanfani, Amintore, 64, 105.
Fanfanianerne (fraktion af DC), 64, 69, 105, 114, 115, 120.
Fascisterne, 63, 64, 152, 163, 207, 210.
Fava, Claudio, 92.
Fava, Giuseppe, 92, 166.
Ferrante, Lorenzo, 117.
Ferrara, Giuliano, 208.
Ferrara, Pietro, 160, 183.
Finocchiaro, Francesco, 140.
Fondazione Giovanni e Francesca Falcone, 90.
Forza Italia, 78, 207, 208, 210, 211.
Franchetti, Leopoldo, 10, 18–20.
Frimurere, 81, 157–162, 175, 184, 187, 189, 190, 207.
Funciazza, Gioacchino 'Iachino', 10–13.

Gabellotto, 55, 102.
Galante, Giacomo, 105.
Galasso, Alfredo, 90, 150, 173, 185.
Gambino (amerikansk mafia-familie), 133.
Gambino (siciliansk mafia-familie), 41, 132.
Garibaldi, Giuseppe, 10, 14, 26.
Gelli, Licio, 158–160, 187.

Giaccone, Paolo, 196.
Ginsborg, Paul, 69, 70.
Gioia, Giovanni, 64, 69, 105, 112, 113, 115, 153, 154, 205.
Giuliano, Boris, 183, 196.
Giuliano, Salvatore, 64.
Graci (entreprenør), 140, 141, 145.
Grande Loggia d'Italia, 158, 160.
Grande Oriente d'Italia, 158.
Grasso, Tano, 90.
Greco (mafia-familie), 40, 127, 163–165, 195, 205.
Greco, Michele 'il Papa', 41, 160.
Greco, Salvatore 'il Senatore', 160.
Gribaudi, Gabriella, 93.
Gualterio, Filippo Antonio, 15, 16.
Gunnella, Aristide, 153.

Hess, Henner, 9, 28, 93.
Højkommissæren for kampen mod mafiaen, 52, 136, 141, 162.

I Siciliani, 92, 166.
I Siciliani Nuovi, 92.
IACP, *Istituto Autonomo per le Case Popolari*, 68, 104, 133, 134, 147.
ICES, *Imprese Costruzioni Edili Stradali srl.*, 169.
Insalaco, Giuseppe, 170.
Inzerillo (mafia-familie), 41, 132, 133, 135, 146.
Inzerillo Sanitari, 134.

Inzerillo, Salvatore, 42, 160, 197, 205.
IOR, *Istituto per gli Ordini Religiosi*, 160.

Klientelisme, 33, 61–67, 69, 71, 72, 93, 114, 121, 122, 129, 135, 136, 149, 150, 155, 163, 165, 166, 176, 184, 189, 191, 192, 194, 195.
Kommissionen, se *La Cupola*.
Kommunisterne, se PCI, *Partito Comunista Italiano*.
Kontrol over territoriet, 37, 112, 115, 124, 132, 155, 191–195, 199–201.
Kristelige demokrater, se DC, *Democrazia Cristiana*.
Kærgaard, Anders, 61.

La Barbera (mafia-familie), 40.
La Barbera, Gino, 182.
La Cupola, 38, 41, 83, 86, 178–180, 182, 188.
La Regione, se *L'Interprovinciale*.
La Repubblica, 183.
La Rete, 90, 91.
La Stidda, 39.
La Torre, Pio, 45, 77, 101, 168, 169, 173, 196.
La Torre-Rognoni loven, se Lov nr. 646 af 13. september 1982.
L'associazione donne siciliane per la lotta contro la mafia, 90.
Lega Nord, 207, 210.
Leggio, Luciano, 40, 41, 174, 175, 187, 196.

Lepanto, Francesco, 117.
LESCA (veje og kloaker), 167, 169, 170.
L'Espresso, 91, 177.
Li Causi, Girolamo, 76.
Liggio, Luciano, se Luciano Leggio.
Lima, Salvatore 'Salvo', 65, 69, 86, 105–108, 115, 126–128, 153, 154, 173, 176, 179–182, 188, 194, 197–199, 205, 211.
L'Interprovinciale, 38, 142, 159.
L'Ora, 82, 105, 115.
Loschiavo, Giuseppe Guido, 11.
Lov nr. 1435 af 27. december 1956, 44, 45, 74, 97, 119.
Lov nr. 1720 af 20. december 1962, 76.
Lov nr. 575 af 31. marts 1965, 45, 46, 74, 97, 186.
Lov nr. 646 af 13. september 1982, 45, 46, 48, 74, 77, 94, 128, 130, 175, 186.
Lov nr. 94 af 23. marts 1988, 78.
Lov nr. 55 af 19. marts 1990, 46.
Lov nr. 92 af 15. marts 1991, 47, 208.
L'Unità, 140, 185.
L'Uomo Qualunque, 63, 64, 104, 112.
Lupis, Giuseppe, 153, 162.

Mafia-krig (1962–63), 40.
Mafia-krig (1981–83), 41, 42, 83, 84, 95, 126, 142, 146, 148, 169, 175, 177, 181, 188, 191, 196–198, 202.

Magliana-banden, 187, 188.
Mandalari, Giuseppe, 160, 183.
Mannoia, Francesco Marino, 98, 160, 188.
Marsala, Vincenzo, 115.
Martelli, Claudio, 178, 180, 181.
Matta, Giovanni, 65, 80, 153.
Mattarella, Piersanti, 77, 166, 173, 188, 196.
Maugeri, Luciano, 105.
Maxi-processen (1986–92), 43, 46–48, 75, 83, 86, 87, 90, 175, 177, 179, 181, 184, 197–199.
Meli, Antonino, 54.
Messina, Leonardo, 153, 171.
Midolo, Salvatore, 169, 170.
Milazzo, Salvatore, 117.
Milazzo, Silvio, 163, 164.
Misiani, Francesco, 136, 137, 141.
Monarkisterne, 63, 64, 104, 112.
Moro, Aldo, 188, 189.
Mosca, Gaspare, 11, 13.
Mutolo, Gaspare, 138, 160, 179–181.

Narkotikahandel, 30, 38, 39, 41, 122–124, 128, 131–134, 146, 148, 172, 175, 179, 183, 193.
Nasticò, Pasquale, 169.
'Ndrangheta, 39, 148.

Omertà, 36–38, 45, 81–83, 97, 98, 116.
Operazione Milazzo, 163, 201.
Orlando, Leoluca, 90.

P2, *Propaganda Due*, 81, 158, 159, 187, 207.
P2-kommissionen, 81.
Panorama, 85, 91, 160, 180, 182, 188.
Pantaleone, Michele, 90, 118.
Parenti, Tiziana, 78.
PCI, *Partito Comunista Italiano*, 55, 76–80, 90, 152, 153, 163, 168.
PDS, *Partito Democratico della Sinistra*, 90.
Pecoraro (advokat), 110.
Pentito-loven, se Lov nr. 92 af 15. marts 1991.
Pitrè, Giuseppe, 24–28.
Pizzo, 123, 138, 143.
Provvisionato, Sandro, 150, 161, 173.
PSDI, *Partito Socialista Democratico Italiano*, 153.
PSI, *Partito Socialista Italiano*, 76, 91, 178, 180, 181, 192.
Pucci, Elda, 169.

Qualunquisterne, se *L'Uomo Qualunque*.

Reina, Michele, 196, 197.
Renda, Francesco, 163.
Rendo (entreprenør), 140–142, 144.
Riina, Salvatore 'Totò', 41, 87, 88, 160, 161, 173, 174, 180–182, 204, 208, 209.
Rizzotto, Giuseppe 'Pepè', 10, 11, 13, 14, 21, 25–27.
Rognoni, Virginio, 45.
Romano, Salvatore Francesco, 16, 24, 26, 27.

Sabetti, Filippo, 28.
Sacra Corona Unita, 39.
Saetta, Antonino, 178.
Salemi (mafia-familie), 127.
Salvo (familie), 125, 128, 164.
Salvo, Antonino 'Nino', 124–128, 160, 163, 173, 176, 205.
Salvo, Ignazio, 124–128, 160, 163, 173, 176, 180, 197, 205.
Salvo, Luigi, 127.
Santa Maria del Gesù (mafia-familie), 154.
Santapaola, Benedetto 'Nitto', 142, 143, 145, 185.
Santino, Umberto, 94, 115, 121, 126, 128, 129, 134, 167.
Scaduto, Gioacchino, 104.
Scaglione, Pietro, 174, 196.
Schneider, Jane, 28, 93.
Schneider, Peter, 28, 93.
Sciascia, Leonardo, 92.
Segno, 92, 180.
Seidita (byggefirma), 109.
Sicil-casa (byggefirma), 108–112, 116, 117.
Siino, Angelo, 160.
Sindona, Michele, 81, 159, 160, 187.
Sindona-kommissionen, 79, 81.
SISDE (den civile efterretningstjeneste), 162.
SISMI (den militære efterretningstjeneste), 188.
Socialisterne, se PSI, *Partito Socialista Italiano*.
Società Generale Immobiliare, 104.
Sonnino, Sidney, 10, 18, 20.
Spatola (mafia-familie), 41, 132, 133, 135, 146.
Spatola, Rosario, 131–134, 139, 146, 148, 159, 177, 205.
Spatola-processen (1980), 133, 175, 177.
Squadra Mobile, 52, 162, 196.
Stajano, Corrado, 125, 164, 185.
Superprocura, se DNA, *Direzione Nazionale Antimafia*.
Sutherland, Edwin, 21.
Søndergaard, Peter, 9, 29, 36, 38, 42, 75, 80, 102, 116, 139, 167.

Tangente, se *Pizzo*.
Teresi (mafia-familie), 134.
Terranova, Cesare, 196, 197.
Torrebruno, Giuliano, 44.
TOSI (entreprenør), 134.
Tranfaglia, Nicola, 69, 79, 80, 102, 105, 106, 108, 113, 115, 117–119, 136, 150, 151, 165, 167–169.

Unge tyrkere, 65–67, 105, 153, 164, 166, 201.

Vasile, Vincenzo, 106.
Vassallo, Francesco, 114, 115, 136, 138, 205.
Vatikanet, 104, 159, 160, 190.
Villari, Pasquale, 10, 18, 20–23.
Violante, Luciano, 78, 209.
Vitale, Giacomo, 158–160.
Vitale, Leonardo, 82.
Våben-handel, 122, 123.

Walston, James, 93.